Colección
Justicia transicional, derechos humanos y violencia de masa

dirigida por **Sévane Garibian**

Nacido después de las dictaduras militares latinoamericanas, el concepto de justicia transicional es el objetivo de un campo de investigación en auge. Este campo ha experimentado un desarrollo considerable desde la década de 1990, particularmente a partir de los avances que se han producido en materia de derecho penal internacional, derecho humanitario y derechos humanos en la lucha contra la impunidad de crímenes de masa (genocidios, crrímenes de lesa humanidad, crímenes de guerra). Así, la justicia transicional se refiere a una variedad de prácticas judiciales y extrajudiciales, penales o de otro tipo, estatales e internacionales, para el tratamiento de las violaciones más graves de los derechos humanos.

Esta multitud de mecanismos heterogéneos de justicia nos conduce a realizar una doble observación. Por una parte, nos obliga a considerar la importancia de adoptar una visión holística e interdisciplinaria para una mejor comprensión de fenómenos criminales cuya escala, gravedad y complejidad son bien conocidas. Por otra, nos lleva a valorar la complementariedad de las herramientas existentes (justicia penal internacional/estatal; justicia retributiva/reparadora; etc.) en la lucha contra la impunidad de la violencia de masa, más allá de la mera lucha contra la ausencia de condena penal de los responsables.

La colección "Justicia transicional, derechos humanos y violencia de masa" constituye un valioso aporte a este campo de estudio en Argentina, lugar donde tuvieron su origen los primeros debates posdictatoriales que impulsaron la creación del propio concepto de justicia transicional. El objetivo de la colección es el de apoyar y difundir, en el mundo hispanohablante, trabajos académicos de diferentes disciplinas (principalmente en derecho, pero también en historia, antropología, filosofía, psicología o ciencias forenses), por un lado, y obras colectivas interdisciplinarias, por otro.

Diseño: Gerardo Miño
Composición: Eduardo Rosende
Fotografía de portada: © Dorothée Delacroix
Traductor: Manuel de Diego Balbuena Pantoja
Título original: "Le cadavre et ses avatars. Approches anthropologiques en contexte de sortie de violence"

Edición: Primera en castellano. Octubre de 2025

ISBN: 979-13-87546-02-1
Depósito Legal: M-14537-2025
Código Thema: JPVH [Derechos humanos]
JKVF1 [Ciencia Forense]
Lugar de edición: Buenos Aires, Argentina

Agradecemos al Centre de Recherches sur les Mondes Américains (CERMA), al Centre de Recherche et de Documentation sur les Amériques (CREDA) y a la Maison des Sciences Humaines et Sociales – Paris Nord por su apoyo para esta publicación.

Dirección postal: Tacuarí 540
(C1071AAL) Buenos Aires, Argentina
Correo electrónico: minoydavila@gmail.com
web: www.minoydavila.com.ar
facebook: http://www.facebook.com/MinoyDavila

Dorothée DELACROIX y Anne-Marie LOSONCZY
—directoras—

Materias inestables

El cadáver y sus avatares después de la violencia

institut
universitaire
de France

MIÑO y DÁVILA
◆ E D I T O R E S ◆

Índice

CAPÍTULO 3
El "cuerpo colectivo" y los cuerpos individuales.
Actores, espacios y temporalidades de las exhumaciones: el ejemplo de los 545 "asesinados por el franquismo" (Huesca)

CAPÍTULO 4
¿Cómo se puede vivir ahí si hay tanta alma penando?
Desaparición, memoria y espectralidad en el pueblo de Guerrero (Jujuy, Argentina)

INTRODUCCIÓN

La vida social de los restos humanos después de la violencia: enfoques antropológicos

Dorothée Delacroix y Anne-Marie Losonczy

Popayán, noviembre de 2019

Este libro pretende explorar, desde una perspectiva antropológica comparada, los múltiples modos de existencia y de presencia de los cadáveres de la violencia política como corporeidad registrada dentro de espacios y temporalidades sociales particulares. Objeto de investigaciones forenses o de manifestaciones oníricas, soporte de complejos rituales o "desecho" abandonado, la corporeidad muerta abordada en este libro está en el centro de los conflictos de categorías por su aspecto híbrido y cambiante. A partir de esta materialidad fluctuante, moldeada por el tiempo y por los procesos de transformación naturales y sociales, las contribuciones aquí reunidas amplían los avances de una antropología cultural de la muerte y del duelo al ponerlos en perspectiva con una antropología política de la posteridad de la muerte violenta, en un contexto de posconflicto. Este enfoque, eminentemente transversal, nos permitió crear un diálogo entre etnografías procedentes de contextos latinoamericanos y del sur de Europa, en cuyo lenguaje ritual han dejado huella el catolicismo tradicional y el cristianismo ortodoxo.

Recientemente, el cadáver ha dado lugar a trabajos pioneros en el campo de las ciencias sociales, especialmente en relación con su producción en el contexto de la violencia de masas, su tratamiento y su destino final[1]. La diversidad de etnografías acerca de los modos de tratamientos sociales y de la existencia simbólica del cadáver después de la violencia extrema abre el camino a una investigación comparativa de prácticas y representaciones en torno a lo que analizamos como corporeidad compuesta y discontinua. En efecto, los cadáveres de la violencia extrema ganan al ser abordados desde el examen de las diferentes etapas de un modo de ser que les es propio desde su reaparición, aunque sea en forma de almas o de fragmentos amorfos.

---

1. Ver especialmente Anstett (2013), Anstett & Dreyfus (2012), Ferrandiz & Robben (2015).

Esta (re)aparición constituye un acontecimiento clave, esté o no enmarcada por una exhumación. El descubrimiento de los cadáveres en el momento de la apertura de las sepulturas clandestinas, no debe hacernos olvidar sus otras formas de aparición: el descubrimiento informal de los restos, las revelaciones oníricas, el recurso a la clarividencia, las manifestaciones de almas en pena y la construcción de relaciones de intercambio ritual con los muertos, a veces incluso con los muertos cuyos restos permanecen en el anonimato. El cadáver producto de la violencia y sus avatares se muestran y son narrados bajo una multiplicidad de apariencias[2].

Tanto si consideramos los elementos materiales –soportes de la individuación– que se funden con los restos corporales (harapos, alianzas, fotografías, proyectiles, etc.), como los gestos que moldean estos cuerpos muertos, o bien los desplazamientos que les dan forma o los reconstruyen, el hilo conductor de este libro es cuestionar la estabilidad y la maleabilidad del cadáver como producción social, figura plural que denominamos *avatar*. Desde esta perspectiva, el avatar aparece como una particular articulación entre elementos corporales materiales remanentes de los muertos y signos que atestiguan la persistencia del componente inmaterial de la persona, como el nombre o sus apariciones oníricas o rituales. Así, las formas en las que se manifiestan los desaparecidos son múltiples y heteróclitas. Estas formas de movilidad y de estabilización, y las figuras de temporalidad y espacialidad del cadáver resultante de la violencia de masas, constituyen, hasta ahora, un aspecto poco investigado en los estudios que a ello se han dedicado. Este libro pretende llenar ese vacío.

La violencia de masas produce una gran dispersión entre los vivos que huyen de ella, pero también una diseminación de los restos de los muertos, mezclándolos con los espacios de vida. Esta dispersión hace estallar los marcos espaciales e interpretativos de la vida ordinaria y constituye una de las fuentes más intensas de sufrimiento para los sobrevivientes. En un contexto posconflicto, los mecanismos de la justicia transicional intentan remediar la dispersión de los cuerpos y responder a las preguntas de las familias mediante la exhumación e identificación de los cuerpos.

---

2. Este volumen busca precisamente enriquecer el debate sobre la multiplicidad de apariencias de los muertos y de los desaparecidos de la violencia. Su título (*Materias inestables. El cadáver y sus avatares después de la violencia*) constituye una referencia implícita al artículo de Maco Somigliana (2016) dedicado al complejo desarrollo de la antropología forense. A casi diez años de aquella publicación, consideramos que, desde la antropología social, se ha alcanzado una nueva etapa en la comprensión de la posteridad de la muerte violenta.

De entrada, podría pensarse que las reinhumaciones contribuyen a dar un lugar definido a los muertos dispersos y a restablecer el orden de la muerte socializada. La sustracción del cadáver del lugar inadecuado en el que estaba inhumado pretende ser también un acto de reparación del lugar, al neutralizar el peligro asociado a la mala muerte. Sin embargo, las exhumaciones crean además nuevas movilidades al abrir los sitios de entierro (semi)clandestinos, trasladar los restos recuperados de las fosas comunes a morgues y laboratorios en la ciudad y, en algunos casos, restituirlos a las familias. Estos sucesivos movimientos de los restos humanos trastornan nuevamente el destino que es reservado a estos muertos, así como los espacios de los vivos. Por lo tanto, aun cuando responda a criterios humanitarios, legales y científicos, la movilidad de los cuerpos de la violencia produce lo que los familiares consideran como una errancia con un desenlace incontrolable e impredecible. Este proceso transforma los avatares de los muertos y los lazos previamente tejidos con ellos. Así, paradójicamente, las exhumaciones conducen también a la intensificación de una forma de dispersión en el sentido de que los fragmentos de cuerpos puestos en circulación, y luego almacenados a la espera de su identificación, crean un nuevo exceso que desdibuja su pista y su individualidad.

Si bien a nivel institucional este proceso es visto como un paso necesario para devolver la dignidad a los muertos, el desafío que enfrentan las familias radica en la necesidad de tolerar esta nueva movilidad de los restos y su potencial desindividualización, así como en la de recrear anclajes espaciales y sociales para el retorno definitivo de sus difuntos. Por lo tanto, la existencia *post mortem* de los restos depende de los modos rituales o políticos de reactivación o recomposición de su estatus simbólico en los espacios que les son dedicados. Tal es el caso de los osarios llamados *chedi* o *stupa* que emergen en los lugares de memoria públicos en la Camboya posgenocidio y de los que son convertidos en museos en la Ruanda contemporánea, no sin tensiones entre el Estado y las familias[3]. Las etnografías presentadas en este libro muestran que la reterritorialización definitiva en un espacio dedicado completa la restauración del muerto en una identidad genealógica o ritual estable cuando se le restituye su nombre y/o cuando se considera exitosa la fijación ritual tanto del alma como de los restos. Esta restauración responde a la movilidad de los cuerpos, que se manifiesta en varios registros y temporalidades. En primer lugar, las frecuentes prácticas de desmembramiento de cuerpos, por parte de actores violentos, esparcen vastos territorios con

---

3. Véase especialmente: Margolin (2007) y Korman (2015).

fragmentos de cuerpos desarticulados. Asimismo, la voluntad de ocultar los cadáveres genera la percepción de la ubicuidad de los cuerpos y de una fragmentación de la unidad del cuerpo y la persona. A falta de un espacio específicamente reservado a él, el muerto se encuentra sin anclaje y su ubicación borrosa es vivida por los familiares y la población local como una errancia interminable en un espacio indefinido.

El tratamiento de los avatares también depende de los lugares de su aparición. Cada vez que reaparecen en espacios naturales no aptos para su socialización como buenos muertos, se percibe como necesario un trabajo ritual de familiarización de los restos y reparación de los lugares. Así ocurre cuando irrumpen en sitios de insoportable y peligrosa cercanía entre ellos y los vivos (escuela, campo de fútbol) o incluso en aquellos que han quedado marcados por la acción mortífera de los perpetradores, como los alrededores de los centros de detención y tortura. En este sentido, ¿cómo logran los vivos asimilar estos espacios donde la muerte violenta se entrelaza con la sociabilidad de espacios habitados, familiares o alimentarios como son los ríos y los lagos?

Despojados de todo marco ritual y de todo anclaje habitual, los cadáveres de la violencia ven radicalmente transformada su condición de seres humanos. En cuanto a los espacios, la presencia de estos restos introduce una fractura de sentido que sólo el trabajo ritual puede reparar. Aunque a menudo este se inspira en el repertorio mortuorio ordinario, también se ve obligado a innovar y a recomponer el ritual frente a este desafío sin precedentes. La dimensión espacial de la posteridad de las muertes violentas es, por lo tanto, crucial para explorar y relacionarla con la dispersión y la movilidad inéditas de los restos y de los vivos, ya sea que huyan del teatro de las atrocidades o se embarquen en la búsqueda de sus muertos.

Finalmente, cuando la exhumación hace vislumbrar la esperanza de su identificación y re-arraigo, esta puede desvanecerse pronto, tanto por las exigencias de la peritación forense que implican el traslado de los restos a lugares considerados inhóspitos por los familiares, como laboratorios y morgues, como por la mediación de objetos que son inconcebibles porque alteran la dignidad de la "cosa" transportada, como las cajas de cartón que originalmente transportaban productos alimentarios. Estos espacios, además, generan inquietud por la sospecha de que faciliten la mezcla indebida de unos restos con otros. Esta mezcla hace temer el regreso de la incertidumbre identitaria. Las contribuciones a este libro declinan estos diferentes registros de la movilidad indebida y dolorosamente vivida de los restos.

Al ser soporte de intentos científicos o informales de identificación, objeto de reconstrucción de la identidad o fuente de interpretaciones conflictivas, la existencia singular de los restos humanos plantea además la cuestión de la temporalidad de su "vida social" (Verdery, 1999). Mediante diversos modos de existencia, los cadáveres de la violencia se encarnan en el presente, tanto para las familias de las víctimas como para el vecindario de las zonas de entierros clandestinos y de lugares de resurgimiento de los restos humanos. Cuando los cuerpos están materialmente ausentes, se les atribuyen formas originales de presencia. Una vez hallados, se vuelven objeto de investigación forense o de prueba judicial. Restituidos, ocupan un lugar central durante los actos conmemorativos oficiales y se convierten en portadores de múltiples cuestiones políticas y religiosas que van más allá del ritual de su re-enterramiento. El regreso de estos portadores del pasado de violencia se despliega a lo largo de un tiempo, a menudo largo e intercalado con momentos de espera, de puesta en latencia de su búsqueda o identificación, pero también de ruptura y recomposición del recuerdo y de la relación ritual con ellos. El análisis de esta discontinuidad temporal en el destino *post mortem* de las víctimas de la violencia recorre todas las contribuciones reunidas en este libro.

En torno a los lugares de búsqueda de restos y de su reaparición se desarrollan procesos de ritualización de remanentes de objetos, ropas o huesos en una expresión ritual cuyos fundamentos remiten al culto de las reliquias del cristianismo barroco, particularmente vivo en América Latina. Dichas reliquias funcionan simultáneamente como metonimias del cuerpo y de la persona en vida, así como soportes materiales del avatar. Pero las operaciones de cualificación y luego de personalización de los restos provenientes de la violencia armada abarcan un amplio espectro. Van desde su consideración como reliquia hasta su representación deshumanizada como componente alimentario, antirreliquia por excelencia, como se puede observar a través de los rumores que circulan en los Andes peruanos.

Por lo tanto, el propósito del libro es centrarse en el componente material de la corporeidad muerta. En primer lugar, las etnografías atestiguan la necesidad, pero al mismo tiempo la angustia que viven las familias confrontadas a esta materialidad de una extrañeza desconcertante, y arrojan luz sobre la dificultad de encontrarle un espacio adecuado. En efecto, el punto nodal de las prácticas en torno a los fragmentos corporales es la no conformidad de los restos con el estado corriente del cadáver. Esta anomalía exige un trabajo ritual y pragmático constituido por la selección de elementos del cuerpo como soportes metonímicos de la totalidad del cadáver y de la identidad civil encarnada por el nombre. Su conversión en reliquia, así como las prácticas encaminadas a reducir la extrañeza de los restos, son testimonio de su profunda ambivalencia ontológica y ritual, que aparece como una propiedad antropológica de los cadáveres producidos por la violencia armada.

Postulamos que corresponde a los vivos construir los modos de presencia y de agentividad de los muertos. Nuestras investigaciones muestran que son los vivos los que hacen que estos seres invisibles existan –siempre bajo distintas formas–, que son ellos los que los perciben y los hacen actuar. En consecuencia, nuestro enfoque completa los trabajos que abordan el cuerpo muerto como un fantasma que tiene una realidad autónoma e inmaterial (Carr, 2018; Despret, 2017), insistiendo en la importancia de la materialidad de los restos corporales, su estatus, la espacialidad y la temporalidad en las que se inscriben, así como sus efectos positivos o nocivos sobre los vivos. Al poner de relieve la relevancia de sustituir la evanescencia de los cuerpos ausentes por soportes figurativos –como las fotografías, los epitafios, los cuidados rituales o la búsqueda intensa de restos humanos a través de la práctica mediúmnica–, las etnografías reunidas en este volumen prolongan las dedicadas al duelo y a las exhumaciones posconflicto en el mundo hispanoamericano[4] y se hacen eco de las realizadas en el Sudeste y Norte de Asia[5]. Así, la dialéctica de lo material y lo inmaterial complementa la de lo estable y lo inestable como hilo conductor de este libro. Es alrededor de estas dos dialécticas como se ordenan los registros contradictorios que hacen cohabitar lo extraordinario con lo político-legal, y lo ritual y lo sagrado con lo científico y lo profano.

La noción de cadáver abarca una realidad fundamentalmente heterogénea pero siempre ligada al cuerpo; asimismo el resurgimiento de los fragmentos humanos implica un necesario trabajo de rearticulación con la noción de persona. A menudo, esto se materializa en gestos de rehumanización durante la exhumación, como la recomposición de la forma general del esqueleto por el trabajo de los científicos forenses o la gestión ritual de la nueva inhumación por parte de las familias (Duterme, 2016). Otra forma de anclaje es asignarle un nombre. Ya sea que se trate

---

4. Hacemos referencia especialmente a los trabajos reunidos en las siguientes obras colectivas: Ferrandiz & Robben (2015), y Losonczy & Robin Azevedo (2016). Otros estudios etnográficos acerca del tratamiento de los restos humanos inspiran particularmente nuestros trabajos. Por orden cronológico: Robben (2000); Panizo (2012); Robin Azevedo (2015); Renshaw (2016); Delacroix (2018).

5. Ver especialmente: Delaplace (2009); Guillou (2016); Kwon (2008); y Sorrentino (2018).

del nombre del difunto hallado por medio de la identificación forense, o que se trate de un nombre atribuido en el caso de los restos no identificados, la pertenencia al orden humano se arraiga en la representación de los restos corporales recuperados como portadores de un nombre y, por lo tanto, susceptibles de ser soportes de un ritual. Así, la atribución de un nombre responde no sólo a la exigencia del Estado de hacer el seguimiento del estado civil de sus ciudadanos, sino también a la preponderancia del nombre como medio de perpetuación de la identidad individual inscripta en una temporalidad genealógica desgarrada por la desaparición y la muerte violenta y socavada por decisiones políticas y burocráticas.

En efecto, el amontonamiento de huesos procedentes de la violencia armada, que se puede observar en muchísimos cementerios de países en situación de posconflicto, se debe a que los restos fueron depositados por los habitantes en un momento en el que ni las políticas públicas ni el aparato técnico-judicial se hacían cargo de ellos. Durante mucho tiempo, fueron representados en un registro entre lo sobrante, la brujería y el desecho y solo recientemente se convirtieron en fuentes de conocimiento judicial y profano sobre el pasado de las violencias políticas. Desde ese momento son, para las familias, objeto de la esperanza del reencuentro con sus desaparecidos. Sin embargo, esta acumulación de osamenta sigue planteando la lancinante cuestión de su estatus, cuya ambivalencia deriva de la plétora y de la mezcla de restos, pero también de su carácter anónimo. Este número excesivo de cuerpos requiere lugares de almacenamiento que remiten a espacios de relegación, o incluso a basurales. Puede pensarse en la ambivalencia y la incertidumbre de su estatus como el origen del cambio de estos restos en ciertas representaciones populares contemporáneas hacia la categoría de desecho[6]. A menudo, el trabajo forense de los peritos o el trabajo ritual de los habitantes reconstruye osamentas individualizadas a partir de estas acumulaciones, llamadas localmente en América Latina *cuerpos botados o amontonados*.

En el momento de la exhumación, los restos humanos aparecen mezclados con jirones de ropa, efectos personales o incluso elementos naturales. Esta mezcla, además de producir una heterogeneidad molesta para el trabajo forense, es perjudicial también para una parte de los habitantes cuyo entorno alimentario resulta alterado por ella. Sin embargo, a veces, es precisamente esta inestabilidad de la identidad la que servirá de soporte a la eficacia ritual del difunto. De cualquier modo, una de

---

6. Véanse principalmente Perelman (2019), Zagaria (2019), o también la contribución de Dorothée Delacroix en este volumen.

las cuestiones que plantean las etnografías reunidas en esta obra es la de las condiciones a partir de las cuales los restos pueden recuperar el estatus humano. Lo que está en juego con el trabajo ritual y forense es volver a personalizar esos restos y ofrecer un lugar material a su alma, considerada como errante.

Por el contrario, se perfila el destino póstumo de las "malas víctimas", aquellos combatientes o colaboradores cuyos cuerpos no son buscados. Ya sea que permanezcan en el anonimato o aparezcan accidentalmente durante una exhumación, se convierten en una carga incómoda para muchos actores. El silencio verbal y ritual que envuelve a estos muertos con su indeseado resurgimiento es un componente inherente a las situaciones de posviolencia armada.

En línea con la ya clásica idea de Hertz (1906) sobre el difunto ordinario, según la cual la muerte del cuerpo no implica la desaparición de la persona del mundo de los vivos, sugerimos que los cadáveres producidos por la violencia armada se sitúan en un inestable intermedio, entre presencia y ausencia, vida y muerte sociales. Son figuras de "muertos en devenir" cuya atención es necesariamente procedimental y discontinua hasta su reintegración en el rango de la buena muerte.

En resumen, el destino de los cadáveres en contextos de posconflicto es un fenómeno multiescalar que atraviesa barreras sociales y étnicas, como la jerarquía de las instituciones. También pone en tensión las políticas de la memoria. En efecto, el tiempo largo y discontinuo de los procesos de posconflicto da lugar a memorias conflictivas que surgen de batallas ideológicas, varias décadas después de los hechos. A menudo, los restos mortuorios son allí movilizados como actores y testigos. Estos procesos testimonian la larga y punteada temporalidad de la existencia póstuma de los cadáveres de la violencia armada.

No es menos cierto que la realidad material de los restos desaparecidos y reaparecidos se confronta siempre a nivel local, donde se construye el campo de lo que James Scott (2009) llama infrapolítica. Ya sean actores de la reactivación o de la puesta en latencia de los conflictos locales vinculados a la violencia armada, ya sean constructores o destructores de las relaciones sociales locales, los restos y las almas, protagonistas de esta infrapolítica de los muertos, pueden manifestarse en el registro de la obliteración o de la latencia. Los desaparecidos, encontrados o no, siguen siendo testigos potencialmente convocables en la larga y discontinua temporalidad del posconflicto. Esta cualidad asegura una muy larga posteridad a los muertos de la violencia armada, y esta agentividad que les fuera atribuida siempre puede ser actualizada.

En su contribución, Pamela Colombo centra su reflexión sobre la territorialidad y la temporalidad vinculadas a los cadáveres de la violencia en Argentina. A partir de sus materiales etnográficos, muestra la lógica que separa los lugares "buenos" de los "malos" para un cadáver, así como la que distingue su estado "bueno" del "malo". Durante la dictadura militar en el país (1976-1983), no todos los cadáveres de los desaparecidos corrieron la misma suerte: algunos fueron escondidos en tumbas anónimas de cementerios o en fosas comunes, otros fueron enterrados clandestinamente en recintos militares, y otros fueron arrojados al río o al mar, o incluso fueron abandonados al aire libre. La memoria de los habitantes se analiza a la luz de las inquietantes reapariciones de los desaparecidos. Al explorar la manera en que la población local evoca la presencia de estos cuerpos, la autora analiza el impacto de estas nuevas formas de muertos híbridos, ya que los restos están mezclados con elementos de la naturaleza o con elementos comunes de la construcción y de la vida cotidiana en la región. Según ella, el uso que hicieron los militares de ciertos cuerpos tenía por finalidad afirmar su control, simbólico o real, sobre un espacio determinado: el sudoeste de la provincia de Tucumán. Así, han surgido cadáveres en lugares que, en principio, no tienen ninguna relación con la muerte, tales como las escuelas, los gimnasios o las fábricas. Para Pamela Colombo, estos cuerpos están "fuera del lugar" adecuado y también "fuera del tiempo". Ella muestra que son, a la vez, producto de una temporalidad dislocada y de un trato insoportablemente degradante. Afirma que se duplica la negación de la humanidad del cadáver por una representación local de esta muerte como "que no deja de ocurrir" porque es especialmente persistente en el recuerdo de los lugares donde sucedió. Esta muerte "fuera de tiempo" y "fuera de espacio" logra, en definitiva, alterar la distinción entre hombre y animal, entre hombre y naturaleza y entre el espacio socializado y el espacio dedicado a la muerte.

Los estatus ambivalentes de los restos humanos anónimos constituyen también la base del análisis de Anne-Marie Losonczy. Su reflexión se centra en una dimensión poco estudiada del destino de los cadáveres producto de la violencia armada: la de las prácticas rituales informales en torno a los restos humanos, arraigadas en representaciones locales a menudo antiguas. Estas prácticas eluden o invierten la lógica del proceso exhumación-identificación, pericia-restitución. En Colombia, restos anónimos, llevados por el río Magdalena hasta la localidad de Puerto Berrío, son objeto de rituales informales de "elección" por parte de los habitantes que les ofrecen un nicho funerario dentro del cementerio, un nuevo nombre y ofrendas, solicitándoles sus favores a cambio. A partir de la adopción ritual de estos muertos anónimos de la violencia, Anne-Marie Losonczy emprende la reflexión sobre los modos y la temporalidad de la presencia de los restos, según las modalidades de las acciones performativas que los rodean. Ella argumenta que esta gramática ritual, que tiene sus raíces en el culto popular de origen colonial del *anima sola* (refiriéndose a las almas errantes del purgatorio), elude y suele invertir, muchas veces, la lógica de la exhumación, específica de los modelos internacionales de justicia transicional. En toda América Latina, los lugares de culto están dirigidos a "una nebulosa de malas muertes": cuerpos no identificados, no reclamados o sin descendencia, con almas errantes. Estas almas anónimas encarnan un estado liminal y una identidad disuelta, en falta, que los vivos se esfuerzan aquí por "recrear", ofreciéndoles un anclaje en una nueva individualidad *post mortem* y mediante el cual atraen, a cambio, su protección y beneficios milagrosos.

En el caso de Puerto Berrío, la autora muestra que las condiciones violentas de la muerte infligida y el abandono de los cuerpos constituyen la base de la eficacia ritual que se activa por la adopción que se les ofrece. Debido a que se supone que son cautivos de la condición liminal de la mala muerte, estos difuntos sin vínculos dependen de los rituales de los vivos. Acerca de las formas relacionales que emergen en las "elecciones" rituales de los restos, Anne-Marie Losonczy propone que su principal desafío reside en el nuevo tejido de relaciones entre los restos corporales y las almas de los muertos, y la creación de un vínculo de parentesco ritual entre ellos y los adoptantes. El nicho funerario y el nombre atribuido al cadáver anónimo por el habitante que lo "elige" (los restos elegidos son llamados "el elegido") juegan el papel de articuladores entre el cuerpo y el alma.

Frente a la corporeidad discontinua y compuesta de los restos, la "elección" construye una nueva estabilidad ontológica para los muertos a través de su reanclaje ritual. El examen de la etnografía de los conflictos y controversias entre esta lógica de acción sobre los cadáveres de la violencia armada y la de las exhumaciones programadas muestra su repercusión en la índole del duelo y la representación de la naturaleza y el estatus del cadáver. El aspecto competitivo entre la lógica ritual y la científica está resaltado por la suposición de que, una vez identificados, los muertos habrían perdido su eficacia como figuras a las cuales recurrir, como si la identidad genealógica volviera obsoleta la identidad ritual. La forma en que estas lógicas interactúan, limitándose cada una a sus propios ámbitos de competencia, hace posible su coexistencia.

La autora analiza el surgimiento de una representación inédita del duelo vinculado a las desapariciones forzadas, a lo largo de prácticas rituales de "elección" de los muertos portadoras de una lógica concurrente con el proceso de exhumación: el hecho de que sea vivido y pensado como una red supralocal de relaciones recíprocas entre dolientes desconocidos en torno al cuidado de los restos anónimos. Su texto documenta la increíble vivacidad de la gestión ordinaria y ritual de los cuerpos y las almas desfigurados por la violencia armada mediante el despliegue de un complejo trabajo colectivo sobre los restos anónimos de las víctimas de la violencia.

Anélie Prudor aborda el proceso discontinuo de exhumación de los muertos de la guerra civil española en un contexto político posfranquista marcado por la ausencia de mecanismos de justicia transicional y comisiones de la verdad. Recién en la década de 2000 surgieron los proyectos de exhumación, enmarcados en un movimiento de "recuperación de la memoria histórica" promovido en la sociedad civil por la generación de los *nietos*. A través del análisis de materiales etnográficos recogidos en la ciudad de Huesca (Aragón) analiza, más allá de la aparición de los restos, la elaboración de las memorias republicanas, en distintas temporalidades mediante distintas prácticas: tanto la producción de sustitutos del cuerpo ausente como la búsqueda de restos corporales a través de la excavación. La autora sugiere que en España son las acciones de la memoria, previas a la exhumación de los restos, las que producen el marco ritual y simbólico del cuidado colectivo de los muertos, marco reactualizado en el momento de la excavación. Así, exhumar su memoria mediante la exposición de su foto y la revelación y publicación de los archivos de las prisiones y de las ejecuciones produce nombres, rostros e historias que funcionan como sustitutos de los cuerpos. Este proceso desemboca aquí en la inscripción de esta memoria en el paisaje local a partir de la creación, después de largas negociaciones, de un "Parque de los Mártires de la Libertad" sobre la fosa común de los muertos republicanos, indicado por un monumento con simbolismo memorial y militante. El análisis de la ritualización de su inauguración posibilita que Anélie Prudor encuentre la construcción de un linaje intergeneracional de compromiso que pasa por alto las tensiones entre diferentes grupos y actores de la memoria. Esto permite la reinscripción de los muertos en colectivos de afiliación política y sindical; la devolución ritual de los nombres de los muertos asociados a ideales políticos transgeneracionales les otorga un renombre y una ejemplaridad. Aquí, la búsqueda y exhumación de los restos ocurren como resultado y recordatorio de un proceso previo en el que ya se habían hecho públicos los nombres, las fotos y las afiliaciones políticas de las víctimas.

El texto de Mariana Tello Weiss y de Mariana Garcés analiza la emergencia de nuevas formas de habitar el espacio y de recordar ritualmente a los difuntos en una pequeña localidad del noroeste argentino, Guerrero, que ha sido marcada por la represión y la muerte violenta durante la dictadura militar (1976-1983) al establecer ésta un Centro Clandestino de Detención en 1976 en tres hosterías del pueblo, dejando cadáveres ocultos, nunca reaparecidos. Supuestamente, fueron enterrados en las inmediaciones de los campos y cuevas vecinas, o echados al río. Estos muertos por la violencia, sin lugar, ni identidad fijados, se perciben omnipresentes por los vecinos desde hace décadas, mediante las manifestaciones sonoras y visuales de sus almas en pena.

Basada en una etnografía sutil y minuciosa, el análisis de las autoras se centra en lo producido por la presencia subterránea de estos cuerpos anónimos e insepultos en los espacios cotidianos, como el desdibujamiento de límites entre espacios de vida y "espacios de muerte" (Taussig, 2002), creado por la tensión entre la desaparición de cuerpos y la manifestación constante de almas en pena. La desaparición implica una serie de desajustes espaciales y temporales susceptibles de alterar profundamente la forma de habitar un lugar "poblado" de cadáveres anónimos. En su texto, las dos autoras reflexionan sobre la biopolítica de la producción espectral. La muerte violenta e irresuelta genera una "vitalidad" paradójica, caracterizada en particular por las manifestaciones sonoras y visuales de las almas de los desaparecidos. Las autoras muestran que estos muertos, "refugiados ontológicos" (Kwon, 2008), suscitan en Guerrero conductas rituales inéditas que hibridan prácticas locales tradicionales, ceremonias católicas y eventos memoriales políticos, acomodando calendarios rituales ya existentes para familiarizarlos y apaciguarlos. Estas diferentes prácticas conmemorativas y rituales ofrecen un medio de "suturar" la porosidad entre los espacios reservados a los muertos y los espacios de muerte demasiado abiertos, pero también de renegociar las fronteras entre espacios y momentos sagrados y profanos.

El análisis de Galia Valtchinova sobre el tratamiento de los muertos de las masacres durante el período de transición poscomunista en Bulgaria, en un contexto religioso ortodoxo, de entrada se inscribe en la constatación de una pluralidad de economías morales y registros interpretativos en coexistencia y confrontación en torno a dos categorías de muertos: la de los mártires "de los nuestros" y la de los mártires "de los otros", ambas pensadas en el registro cristiano del martirio. La originalidad de su planteamiento es doble: sigue la presencia de los muertos en su doble dimensión, material y memorial, al tiempo que abre el análisis de una temporalidad histórica de más de cien años para rastrear los vaivenes de la "larga vida social" de los restos humanos, que han vuelto al debate público de la memoria.

Explica la confusión entre historia y memoria en la relación poscomunista con los restos en Bulgaria, así como la plasticidad y disponibilidad de gramáticas rituales ortodoxas eclesiales o consuetudinarias para el manejo de restos humanos cuya existencia es polémica en el espacio político.

El examen de las exhumaciones informales realizadas a principios de la década de 1990 por familiares en sitios designados como lugares de ejecuciones sumarias durante los primeros años del régimen comunista, concluye con la evolución divergente de las dos facetas de esta empresa: si bien la "excavación de la memoria" permitió hacer púbico amplios segmentos de la memoria de los "mártires" antes prohibida, los restos exhumados de estos muertos por "los nuestros" tienen muy poca visibilidad en el espacio público y poseen un estatus jurídico incierto. La etnografía arroja luz sobre los complejos resortes de las resistencias a la exhumación de estos "mártires de los nuestros" por obliteración de los lugares de fosas comunes. Lo mismo sucede con la estrategia del silencio ante el riesgo de implosión de la comunidad de vecinos adoptada por una pequeña ciudad fronteriza con Serbia, o por la negativa de una descendiente de exhumar un sacerdote muerto bajo el comunismo porque podría verse debilitada su santificación popular. El análisis confirma el papel fundamental de los problemas locales vinculados con la aparición de los restos verificado en otros contextos.

Los antiguos "mártires de los otros", de otras etnias y religiones, irrumpieron en los medios nacionales en 2006 a raíz del tratamiento científico considerado "degradante" de la osamenta de las víctimas del asalto de las tropas irregulares otomanas contra civiles congregados en la iglesia de Batak en 1876; huesos que habían sido museizados y expuestos durante mucho tiempo. Estos "mártires" se convirtieron en soportes de la narrativa nacional en torno a las luchas por la independencia de Bulgaria. Este polémico "retorno" moviliza otra lógica: la de la demanda de santificación de estos restos que rápidamente realizan dos Iglesias ortodoxas en competencia. Dicha petición desemboca en grandiosas ceremonias religiosas y reuniones políticas que celebran cada año a mediados de mayo la memoria de los "286 mártires de Batak". La etnografía clarifica los procesos de selección y de tratamiento material y memorial de los restos, que rigen la transformación de estos de "víctimas de las atrocidades turcas" en santos ortodoxos, especialmente por la conversión de la osamenta en reliquias y por la reconstrucción de cuerpos completos mediante la creación de íconos.

Por último, el texto de Dorothée Delacroix analiza las nuevas formas de ritualidad, de acción y de lenguaje que produce la exhumación de nueve cuerpos en un pueblo andino de Apurímac, en Perú, casi treinta años después de su asesinato, a pesar de que estos habían podido ser enterrados por las familias en el momento de los hechos. Los restos exhumados les fueron devueltos tres años después. Esta incongruente exhumación y la prolongada espera que siguió produjeron una ruptura en las relaciones preexistentes entre muertos y vivos, pero también una transformación radical del estatus de los primeros. A partir de la etnografía de un espacio intermedio inestable y dilatado por la expectativa del retorno de los restos al pueblo, Dorothée Delacroix constata que estas exhumaciones impuestas a las familias por las políticas públicas provocan la puesta en circulación de los restos que localmente se representa como su interminable ubicuidad y que oscila entre las categorías de persona y objeto comercial, incluso de residuo. A través de la noción de "valencia diferencial de los restos humanos", Dorothée Delacroix analiza el significado de las recalificaciones que sufren los restos exhumados y la evolución de las nociones de persona y de difunto inducidas por su circulación en manos de diferentes agentes estatales. Examinando una confusión inédita de los estatus de sujeto y objeto, la autora muestra la porosidad ontológica de los restos en tránsito, los efectos locales de su movilidad y las prácticas rituales en torno a estos *muertos-en-movimiento*.

Dorothée Delacroix también analiza los discursos críticos locales con respecto a las instituciones y los programas de reparación de víctimas. Estos últimos son difundidos por rumores de tráfico de huesos exhumados. Según la autora, la desterritorialización de los restos y el juego de valencias que lo sucede constituyen una de las claves para entender los rumores de la comercialización de los restos. Por una parte, su aparición se explica por el sentimiento de profanación experimentado durante la exhumación, que los habitantes consideraron una falta de respeto hacia el difunto. Por otra parte, estos rumores surgen por la falta de información que padecieron los familiares acerca del destino de los restos exhumados y las pericias que se realizaran. La autora destaca asimismo la similitud entre la situación de estos cuerpos y la de los desaparecidos de la guerra. Para las familias, comparten una misma localización incierta, permanecen en lugares inapropiados y están rodeados por representaciones deshumanizantes. Así pasan a ser percibidos como robados, perdidos, mezclados, transformados, vendidos o exportados al extranjero para satisfacción de fondos internacionales o de la industria alimentaria. Los rumores sobre el tráfico de huesos exhumados emergen, explica Delacroix, como una traducción simbólica de una relación material desigual. Las instituciones supralocales involucradas en el proceso de reparación son, así, representadas como figuras de alteridad "depredadora", cuyo compromiso en la tarea reparadora encubre un interés político-económico no desinteresado.

La autora sitúa así estas "exhumaciones forzadas" dentro de un largo proceso de sometimiento de las poblaciones andinas a las exigencias del Estado y muestra los discursos críticos y morales que estas poblaciones locales formulan frente a él y, de manera más general, frente a la economía posconflicto. Los avatares comercializados de los restos humanos expresan, *in fine,* los males de los vivos que ven su humanidad y su ciudadanía cuestionada por los efectos paradójicos de las políticas de reparación. Estas políticas conducen a un tratamiento institucional de las víctimas del conflicto armado que desfigura la noción misma de persona y reproduce formas de violencia simbólica contra el campesinado andino, contradiciendo abiertamente los principios fundamentales para la recuperación de su dignidad.

En definitiva, las contribuciones reunidas en este volumen exploran la articulación de los avatares materiales e inmateriales de los cadáveres de la violencia como tantos modos de presencia, como actores y testigos *post mortem*, documentando así la larga vida de estas entidades mucho más allá de los episodios mortales.

Referencias bibliográficas

ANSTETT, É. (2013). Des cadavres en masse. Société et sciences sociales face à l'impensé. *Techniques & Culture* (60), 126-143.

ANSTETT, É. & DREYFUS, J.-M. (Eds.) (2012). *Cadavres impensables, cadavres impensés. Approches méthodologiques du traitement des corps dans les violences de masse et les génocides,* París, Pétra [edición en castellano: *Cadáveres impensables, cadáveres impensados. El tratamiento de los cuerpos en las violencias de masa y los genocidios.* Buenos Aires, Miño y Dávila editores, 2013].

CARR, G. (2018). Concrete's memory. *Terrain* (69). Consultado el 23 de enero de 2020. DOI: 10.4000/terrain.16661.

DELACROIX, D. (2018). Le bal des âmes. Postérité de la mort de masse en contexte péruvien. *Terrain*, Rúbrica "Terrains". DOI: 10.4000/terrain.16819.

DELACROIX, D. (2021). L'État cannibale. Rumeurs de trafic d'os exhumés au Pérou. *Cultures & Conflits* (121), 73-97.

DELAPLACE, G. (2009). *L'Invention des morts. Sépultures, fantômes et photographie en Mongolie contemporaine.* París, Centre d'études mongoles et sibériennes/École pratique des hautes études.

DESPRET, V. (2017). *Au bonheur des morts. Récits de ceux qui restent.* París, La Découverte.

DUTERME, C. (2016). "Honorer, commémorer, dédommager. État et société civile face aux victimes du conflit armé interne dans la région Ixil (Guatemala)", *en* A.-

M. Losonczy & V. Robin Azevedo (Eds.). *Retour des corps, parcours des âmes. Exhumations et deuils collectifs dans le monde hispanique.* (101-125). París, Pétra.

FERRANDIZ, F. & ROBBEN, A. (2015). *Necropolitics. Mass Graves and Exhumation in the Age of Human Rights.* Philadelphie: University of Pennsylvania Press.

GUILLOU, A.Y. (2016). "Le 'maître de la terre'. Les cultes rendus au cénotaphe de Pol Pot", *en* S. Garibian (ed.). *La Mort du bourreau* (pp. 65-86). París, Pétra [edición en castellano: *La muerte del verdugo. Reflexiones interdisciplinarias sobre el cadáver de los criminales de masa.* Buenos Aires, Miño y Dávila editores, 2016].

HERTZ, R. (1906). Contribution à une étude des représentations collectives de la mort. *L'Année sociologique*, 10, 48-137.

KORMAN, R. (2015). Mobilising the dead? The place of bones and corpses in the commemoration of the Tutsi genocide in Rwanda. *Human Remains and Violence: An Interdisciplinary Journal*, 1 (2), 56-70.

KWON, H. (2008). *Ghosts of War in Vietnam.* Cambridge, Cambridge University Press. DOI: 10.1017/CBO9780511807596.

LOSONCZY, A.-M. & ROBIN AZEVEDO, V. (Eds.) (2016). *Retour des corps, parcours des âmes. Exhumations et deuils collectifs dans le monde hispanique.* París, Pétra.

MARGOLIN, J.-L. (2007). L'Histoire brouillée. Musées et mémoriaux du génocide cambodgien. *Gradhiva,* (5), 84-95.

PANIZO, L. M. (2012). Ausencia y desaparición: el caso de los desaparecidos de la última dictadura militar en Argentina. *Argos*, 2, 94-125.

PERELMAN, M. D. (2019). Bodies in the tip. *Human Remains and Violence*, 5 (1), 38-54.

RENSHAW, L. (2016). *Exhuming Loss: Memory, Materiality and Mass Graves of the Spanish Civil War.* New York, Routledge.

ROBBEN, A. C. G. (2000). State terror in the netherworld: disappearance and reburial in Argentina, *en* J. A. Sluka (Ed.). *Death Squad. The Anthropology of State Terror* (91-113), Philadelphie, University of Pennsylvania Press.

ROBIN AZEVEDO, V. (2015). D'os, d'habits et de cendres. Corps exhumés et reconfiguration des dispositifs rituels et symboliques dans le Pérou post-conflit. *Revue européenne des sciences sociales*, 53 (2), 75-98.

SCOTT, J. (2009). *La Domination et les Arts de la résistance.* París, Amsterdam.

SOMIGLIANA M. (2016) "Materia oscura. Los avatares de la antropología forense en Argentina" *en* A. Zarankin, M. A. Salerno, M. C. Perosino (Comps.), *Historias desaparecidas. Arqueología, memoria y violencia política* (25-34). Buenos Aires, Editorial Brujas.

SORRENTINO, P. (2018). *À l'épreuve de la possession. Chronique d'une innovation rituelle dans le Vietnam contemporain.* Nanterre, Société d'ethnologie.

TAUSSIG, M. (2002). *Chamanismo, colonialismo y el hombre salvaje. Un estudio sobre el terror y la curación.* Bogotá, Norma.

VERDERY, K. (1999). *The Political Lives of Dead Bodies: Reburial and Postsocialist Change.* New York, Columbia University Press.

ZAGARIA, V. (2019). The clandestine cemetery: burying the victims of Europe's border in a Tunisian coastal town. *Human Remains and Violence*, 5 (1), 18-37.

CAPÍTULO 1

¿Necro-soberanía?
Cadáveres "fuera de lugar" y reconfiguración(es) del territorio nacional

Pamela Colombo[1]

Introducción

Este campesino lleva la marca de sus 78 años tallada en su piel arrugada y quemada por el sol. Fernando[2] ha vivido toda su vida en Acherál, un pueblo del suroeste de Tucumán donde trabajaba cosechando la caña de azúcar y, cuando no era temporada, dedicaba su tiempo a fabricar camas de madera. Los militares llegaron a la región a principios de 1975 y el pueblo de Acherál se encontró en medio del área de operaciones. El hermano de Fernando lleva años desaparecido. Mientras su mujer nos prepara unos mates dulces en un patio vacío y lleno de tierra, Fernando habla serenamente y algunas palabras se pierden en su boca desdentada. La casa de chapa proyecta su sombra sobre nosotros y Fernando me cuenta historias de aquella época. Recuerda cuando los militares instalaron una base cerca de su casa y, en particular, el día en que vio:

> dos chicos, una chica y un chico, y tendría la chica habrá tenido 13, 15 años, el chico también. Me acuerdo en la cabeza. (…) Los han tirado así sobre los yuyos, los han tirado, y ahí los entraban los militares, los han rameado hasta las cañas [de azúcar], en las cañas los han puesto aquí sentadito y ahí lo han dejado (…) ahí vi al chico y a la

1. Agradezco a Dorothée Delacroix y Anne-Marie Losonczy sus correcciones y consejos. También me gustaría dar las gracias a: Elisabeth Anstett, Antonia Garcia Castro, Sandrine Revet, y a los participantes del taller "Le cadavre et ses avatars" (donde pude presentar y discutir una versión preliminar de este artículo). Una reflexión más extensa sobre estos temas se encuentra en mi libro *Espacios de desaparición. Vivir e imaginar los lugares de la violencia estatal* (Buenos Aires, Miño y Dávila editores, 2017).

2. Se acordó un pacto de confidencialidad con todos los entrevistados. Para garantizar su anonimato, sus nombres han sido sustituidos por seudónimos.

chica muerta en la caña (…) por el mal olor los perros vecinos iban a comerlos... (Fernando[3])

Una gran parte de los 30.000 desaparecidos en Argentina durante la dictadura cívico-militar de 1976 a 1983 nunca fueron encontrados. Sin embargo, en esta parte de la provincia de Tucumán ocupada militarmente, la desaparición forzada de personas ha sido seguida en ocasiones por una multiplicidad de rumores que señalan posibles ubicaciones para los enterramientos clandestinos. Asimismo, hay muchos relatos que hablan sobre la aparición de cadáveres durante los años de dictadura y en momentos posteriores: no se sabe qué pasó con ellos, quiénes son, ni por qué aparecen en tal lugar, pero aparecen. Este capítulo intenta reflexionar sobre estos cadáveres que no están en su lugar "correcto": cadáveres que están "desplazados", al mismo tiempo "fuera del espacio" y "fuera del tiempo".

El desaparecido vive en una especie de espacio intermedio. Un espacio donde el movimiento (el pasaje hacia) está suspendido. El cuerpo muerto/no-muerto del desaparecido habita un tiempo y un espacio liminal. Podríamos decir inclusive que se encuentra en "un estado de liminaridad forzada" (Panizo, 2011, p. 24). En el cuerpo del desaparecido, el espacio esperado y el tiempo de la muerte están totalmente alterados. La desaparición implica la ausencia de un lugar para ubicar la muerte y los muertos. No hay cuerpo para decir esa muerte, pero tampoco hay un lugar asociado al momento de la muerte –en la mayoría de los casos– y menos aun un lugar donde se sepa con certeza que yace el cuerpo del familiar.

La desaparición forzada de personas rompe la relación entre la muerte y el cadáver. Para usar una expresión shakespeariana, el vínculo entre la muerte y el cadáver está *"out of joint"* (Hamlet, 1.5.188)[4]: dislocado, desconectado, fuera de quicio, fuera de lugar... Si bien existe una importante literatura sobre los efectos de la ausencia del cuerpo de los desaparecidos, en particular sobre su impacto en la subjetividad y el tejido social (Calveiro, 2001; Gatti, 2011; Feld, 2010; Feierstein, 2007), este capítulo aborda un tema que hasta ahora no ha sido muy trabajado: la aparición de cadáveres de los desaparecidos, la forma en que son evocados por la

---

3. Su hermano desapareció y su cuerpo apareció más tarde moribundo en la carretera. Nunca presentó una denuncia. Esta entrevista se realizó en dos etapas, en agosto de 2011 en Acherál, provincia de Tucumán.

4. Rinesi analiza la centralidad de esta frase en Hamlet, destacando que lo que está "fuera de quicio" es claramente el mundo y el tiempo presente en Dinamarca, pero también las palabras, las personas y las cosas (Rinesi, 2003, p. 103).

población y el impacto espacial de estas apariciones[5]. En este sentido, propondremos un acercamiento al cadáver como articulador de la vida política y como espacio donde es posible "semantizar" distintos aspectos de la violencia vivida.

Este artículo está estructurado en dos partes. Primero, propongo un análisis sobre el modo en que los cadáveres de los desaparecidos abandonados en esta zona de la provincia de Tucumán son evocados por la población: ¿de qué se habla?, ¿cómo se recuerdan estos cuerpos?, ¿cuál es el impacto –en la población– de estas apariciones de cadáveres "fuera de lugar", donde la muerte –en principio– no debería estar (escuelas, gimnasios, fábricas, etc.)? En la segunda parte del capítulo, examinaré la forma en que el hallazgo de los cadáveres por parte de la población jugó un papel importante en la reconfiguración territorial que los militares quisieron llevar a cabo en esta región donde, según la retórica militar, la presencia de "subversivos" amenazaba la soberanía misma de la nación argentina.

Contexto histórico

En la provincia de Tucumán las desapariciones comienzan en 1975. Un año más tarde, a partir del golpe de Estado que instaurará una dictadura militar entre 1976 y 1983[6], las desapariciones forzadas serán llevadas a cabo a nivel nacional y de manera sistemática. La desaparición forzada de personas fue utilizada por el Estado argentino para desmantelar el movimiento social que comienza a disputarle esferas de poder y el monopolio de la violencia. El conjunto de las fuerzas armadas orquestó la represión desde una "constelación de espacios de desaparición", dentro de los cuales podemos encontrar los siguientes lugares: el espacio del secuestro, del traslado, de la detención clandestina, como también el espacio de la muerte y de la desaparición de los cadáveres (Colombo, 2017). La desaparición implica la negación de información para certificar la muerte, la ausencia del cuerpo y la falta de sepultura. Los rituales funerarios quedan así suspendidos en una duda que parece no tener fin.

---

5. Los análisis de los efectos de la "escenificación" de cadáveres en el contexto de los conflictos armados incluyen trabajos sobre Colombia (Blair, 2005), México (Magaña, 2011, pp. 159-171), o de manera más general sobre América Latina (Franco, 2013).

6. Los detenidos desaparecidos son personas que han sido secuestradas y encarceladas en centros de detención clandestinos. La mayoría siguen siendo "desaparecidos". No obstante, un pequeño porcentaje sobrevivió a la experiencia de los campos de concentración.

Es por ello que la desaparición se concibe como un delito que nunca deja de cometerse[7].

Las reflexiones que aquí se presentan refieren a una región específica: el suroeste de la provincia de Tucumán. Un escenario particular se desarrolló en esta zona militarmente ocupada desde principios de 1975 hasta el final de la dictadura militar. Fue allí donde los militares montaron lo que se conoce como el "Operativo Independencia", con el objetivo explícito de aniquilar a la guerrilla rural del Ejército Revolucionario del Pueblo (ERP)[8] ubicada en el monte de Tucumán.

El discurso militar se estructuró en torno a la idea de que lo que allí ocurría era una "guerra contra el enemigo interior". Hay una gramática propia a este escenario de "guerra" donde "el otro" sólo puede ser aniquilado, y una caracterización claramente política de estos cadáveres como muertos subversivos (Jemio, 2021). Junto con la ocupación militar y los enfrentamientos armados, los militares desplegaron un sistema clandestino destinado a hacer desaparecer a los activistas políticos y trabajadores que vivían en la zona[9]. A diferencia del resto de Argentina, en esta zona de Tucumán hubo una convivencia forzada de la población con el Ejército, se sucedieron toques de queda y requisas sistemáticas dentro de las casas, hubo detenciones masivas e instalación de bases militares en casi cada pueblo dentro de la zona ocupada, e inclusive se llegó a desplazar forzosamente a alrededor de 2000 personas que fueron obligadas a habitar en "pueblos estratégicos" construidos por los militares (Colombo, 2022).

Aunque a nivel nacional hubo referencias a la aparición de cadáveres de desaparecidos, sobre todo en los medios de comunicación durante la transición democrática en el llamado "show del horror" (Feld, 2006), estas imágenes fueron rápidamente "olvidadas" y las memorias sobre la desaparición fueron construyéndose sobre otros ejes. La reflexión sobre el cadáver de los desaparecidos ha tenido un lugar marginal tanto en los trabajos académicos como en las memorias de la población. Sin embargo,

---

7. En la medida en que el cadáver no aparece, la desaparición se considera un delito que se prolonga en el tiempo (Kaufman, 1998, pp. 133-141).

8. El Ejército Revolucionario del Pueblo (ERP) era el brazo armado del Partido Revolucionario de los Trabajadores (PRT). A principios de la década de 1970, el PRT-ERP se convirtió en el partido de izquierda no peronista más importante de Argentina.

9. No hay acuerdo sobre el número de desaparecidos en Tucumán. El informe de la Comisión Bicameral de Tucumán habla de 387 desaparecidos y 120 sobrevivientes, mientras que las organizaciones de derechos humanos sitúan la cifra entre 1.000 y 3.000 desaparecidos en toda la provincia.

en la zona sur de Tucumán, los relatos sobre la presencia de cadáveres de desaparecidos en los espacios de la vida cotidiana aparece constante en las memorias de la ocupación.

No todos los cuerpos de los desaparecidos corrieron la misma suerte: algunos fueron ocultados en fosas anónimas o fosas comunes en cementerios (registradas como "NN", ningún nombre), otros fueron enterrados clandestinamente en terrenos militares, otros fueron arrojados a ríos o al mar (como en el caso de los "vuelos de la muerte" en el Río de la Plata[10]), y otros fueron abandonados sobre la tierra.

La cuestión de los muertos, de lo que se hace con ellos, de cómo son vividos y recordados por los vivos, es una cuestión eminentemente política. Varios autores han definido el cadáver como un articulador de diversos aspectos de la vida política (Mbembe, 2003; Stepputat, 2014; Verdery, 1999), pero el impacto político y social de su circulación y transformación en contextos de violencia masiva sigue aún poco explorado.

Trabajo de campo y entrevistas

Este texto se basa en el trabajo de campo realizado entre 2007 y 2012 como parte de mi tesis doctoral sobre espacios de desaparición[11]. Visité Tucumán tres veces entre 2007 y 2010. En estas ocasiones, realicé una primera serie de entrevistas en zonas urbanas (principalmente en la ciudad de San Miguel de Tucumán). Luego, entre 2011 y 2012, lleve a cabo una segunda serie de trabajos de campo en zonas rurales y semirrurales del sudoeste de la provincia, donde trabajé en pueblos que tuvieron un rol significativo en el despliegue del Operativo Independencia[12]. Esta última serie, compuesta por 25 entrevistas (de entre 4 y 5 horas de duración cada una) realizadas en la zona de ocupación militar, constituye el corpus analizado en este artículo. Se trata de entrevistas a familiares de desaparecidos, sobrevivientes de campos de concentración y militantes de partidos políticos de izquierda perseguidos durante la última dictadura militar. A diferencia de las entrevistas realizadas en las ciudades con

---

10. Sobre los "vuelos de la muerte" se puede consultar el trabajo de Verbinsky (1996) y Schindel (2014).

11. Estudio realizado en el Centro superior de investigaciones científicas (CSIC, Madrid), que dio lugar a la tesis doctoral defendida en 2013 en la Universidad del País Vasco (UPV). Una versión revisada de esta investigación ha sido publicada (Colombo, 2017).

12. He trabajado en los pueblos de Ingenio Santa Ana, Concepción, León Rouge, Monteros, Acherál, Famaillá y Santa Lucía.

personas que generalmente tenían un nivel de educación alto y un cierto compromiso político, en las zonas rurales las personas con las que me entrevisté eran principalmente trabajadores agrícolas con un bajo nivel de educación formal y, la mayoría de las veces, no activos políticamente. La mayoría de estas personas nunca habían sido entrevistadas y algunas inclusive nunca habían denunciado la desaparición de sus seres queridos o incluso su propia desaparición.

La red de "informantes clave" que pude construir a lo largo de esos años me permitió llevar a cabo estas entrevistas. La mayoría de las veces se realizaron en los domicilios de los entrevistados. Aunque las entrevistas eran individuales, a menudo estaban presentes uno o más miembros de la familia. Las entrevistas semiestructuradas se grabaron, se transcribieron y se analizaron mediante una matriz de datos cualitativos. Muchas de las conversaciones y observaciones efectuadas no se realizaron formalmente como entrevistas; sin embargo, las registré en mis cuadernos de campo.

La circulación de cadáveres

Cadáveres "fuera de lugar"

Fue sobre todo durante la primera parte de la Operación Independencia cuando el Ejército dejó cadáveres abandonados en la zona de ocupación. Los cuerpos parecían estar "fuera de lugar" y "fuera de tiempo". Según los relatos de las personas que vivan en los pueblos ocupados, los cadáveres "circulaban" por determinados lugares de la vida cotidiana: en fábricas, escuelas y gimnasios. Pero, ¿cómo se percibían estas muertes "fuera de lugar"? ¿Cómo hablaba la gente de ellas? ¿Qué impacto tienen estos recuerdos en la vida cotidiana de la gente y en sus espacios de vida? No sabemos qué ocurrió con estos cuerpos, quiénes son ni por qué estaban ahí. Esta muerte está "fuera de lugar", sin una cronología de los hechos que permita entender por qué han aparecido estos cuerpos.

Un vecino del pueblo de Famaillá, superviviente de un centro clandestino de detención, recuerda un día en que, en una escuela utilizada como CCD, los soldados:

…sacaban entre 3, 4 personas sacaban y cargaban al jeep, de los Unimog del ejército. Quiero creer que eran personas muertas las que sacaban de ahí y cargaban. Y salió el camión, el Unimog por atrás de la escuela y se veía que iba. (Mario)[13]

---

13. Militaba en el armado peronista Montoneros y estuvo desaparecido durante varios meses en Tucumán (agosto de 2011, Famaillá).

En esta zona de Tucumán, los cuerpos eran arrojados desde helicópteros o autos a lugares como montañas, caminos y ríos. A veces, los cuerpos de los desaparecidos eran dejados donde caían. Aunque parezca contradictorio, en Tucumán los cuerpos eran abandonados y a la vez ocultados.

Ana es una campesina que trabajaba en las plantaciones de caña de azúcar y ha vivido toda su vida al pie del monte. Uno de sus hermanos está desaparecido. Ana me cuenta que su padre:

> ...sabía pescar de noche (...) se hacía oscuro y tiraban el anzuelo (...) cuando el muchacho le dice "don Chucho, Julio –dice– se me ha agarrado la caña". "¿En qué?" "Va un cuerpo" le dice. (...) Y cuando ellos han estado en el río lo han visto clarito al cuerpo que iba. Usted sabe que al otro día cuando mi papá viene a la casa (...) ya habían sacado unos bichos, unos bagres. Sabes los bagres inflados de sangre de humano... Era humano. (Ana)[14]

Con la expresión "era humano", es difícil saber si se refiere a que el pez –inflamado con sangre humana– se había convertido en humano o si indica que ese cuerpo mezclado con el pez había sido humano en algún momento. Lo cierto es que la circulación "fuera de lugar" de cadáveres altera profundamente no sólo el entorno y los propios cuerpos, sino también la forma en que las personas experimentan y habitan esos espacios. Ana continúa su relato reflexionando sobre el hipotético destino final de su hermano:

> ...hasta el día de hoy no se sabe nada, dónde lo han tirado, a dónde está. Como decía este viejo criminal (...) Bussi[15], que los tiraban ahí, que los mataban y los tiraban al río, que el agua los lleve. (Ana)

Este tipo de relatos muestra cómo los espacios naturales, como el monte o el río, se convirtieron en los "agentes últimos" de la pérdida definitiva de los cuerpos de los desaparecidos.

Patricia, una mujer de Monteros cuyo tío fue un desaparecido, cuenta que su marido, en la época de la dictadura,

> ...decía que iba al gimnasio [de Monteros] y que encontraron masa encefálica por los helicópteros que bajaban en la cancha, bueno, él era deportista, él jugaba al fútbol, parece que cuando jugaba al fútbol se resbalaba la zapatilla y era masa encefálica, si, él nunca sabía si bajaban cuerpos, que duda mucho que ahí fuera la bajada sino que

---

14. El hermano de Ana está desaparecido (agosto de 2011, León Rouges).

15. Antonio Domingo Bussi fue el gobernante militar de facto de la provincia de Tucumán entre 1976 y 1978. Fue durante este período cuando se registró el mayor número de desapariciones en la provincia.

ahí los juntaban a todos y los mataban, los han muerto y lo llevaban a otro lado... (Patricia)[16]

A pesar de que esta muerte está mal inscrita en el espacio, es una muerte que circula. En el transcurso de estas trayectorias, se alteran los espacios con los que estos cadáveres entran en contacto. Estos relatos de memoria revelan elementos inesperados que apuntan a la persistencia de una muerte sin nombre que deja su huella en elementos materiales, como las infraestructuras.

Ernesto, ex-militante político de izquierda, se refiere a varios lugares insólitos donde se dice que los militares habrían ocultado cadáveres. Entre otras cosas, me habló de fosas comunes bajo el asfalto de un pueblo, razón por la que décadas después la municipalidad está todo el tiempo teniendo que reparar este lugar:

> Se ha cansado, la comuna de arreglar la cancha de básquet, se les vive hundiendo, es porque hay algo abajo. (…) y eso se va bajando, se va bajando. Se va secando lo que es abajo, no han compactado bien y bueh, se tiene que hundir. Y ahí queremos traer los antropólogos forenses. (Ernesto)[17]

La presencia física de los cadáveres se superpone a menudo a la imposibilidad de hacer algo. El observador se ve reducido a la inacción. Carlos, un hombre que trabajó como obrero de la construcción en la zona de operaciones, me contó que era habitual encontrar restos humanos en los alrededores de las bases militares:

> PC— ¿Y usted se acuerda de haberlo visto eso se lo contaron?

> Carlos— No, se lo veía, se lo veía pero nadie decía nada después de eso, nadie reclama nada porque no se podía reclamar porque estábamos debajo, al mando de ellos, y se necesitábamos el trabajo y teníamos. [Más tarde, en la misma entrevista, añadió:] Ellos tenían ahí tenían una base y yo trabajaba ahí porque hacía armadura de hierro y entonces estaba muy cerca de ellos, y.... a veces llegábamos de mañana y... no podíamos entrar porque, porque ellos decían de que andaba alguien ahí de que... y bueno que ellos lo buscaban y nos tiraban a la cuenta y teníamos que estar tirados en la cuneta para hasta que pase lo... y ahí en los mismo pueblos se ha encontrado que... que... ehhh, cómo decir

---

16. La mujer entrevistada trabaja en el campo de los derechos humanos. Después de esta entrevista, los restos de su tío fueron identificados por el Equipo Argentino de Antropología Forense (agosto de 2011, Monteros).

17. Ernesto militó en la organización armada Montoneros en la década de 1970 en el sur de la provincia de Tucumán (agosto de 2011, Monteros).

las cabezas, los cascos de humano[18] porque cavaban para hacer la base y ahí, de esa excavación este salían cabezas de humanos. (Carlos)

Los cuerpos encontrados "fuera de lugar" y la presencia de las fuerzas armadas se yuxtaponen. El ejército arroja los cuerpos en el territorio donde se ha establecido, donde tiene sus bases y donde convive con el resto de la población, alterando profundamente el territorio. Este aspecto es fundamental para entender la idea general que subyace a este artículo: la visibilidad que acompaña el abandono de los cadáveres ha ayudado a los militares a "recuperar" simbólica pero también físicamente el territorio que consideraban "amenazado".

Los cadáveres abandonados y su descomposición

En Tucumán, como en la mayoría de las sociedades occidentales y cristianas del siglo XX, el cementerio es el lugar socialmente autorizado para albergar a los muertos[19]. Según Philippe Ariès (1977), esta separación de la muerte y los muertos de la vida cotidiana[20] no pretendía "cancelar" la muerte, sino controlarla y regularla dentro de espacios (cementerios u hospitales) y tiempos (como el "retorno" de los muertos durante el Carnaval) claramente definidos.

Este proceso de domesticación de la muerte se ve alterado cuando a la desaparición forzada le sigue el traslado de los cadáveres a lugares no autorizados socialmente para recibir a los muertos. Estas prácticas de traslado y exhibición de los cuerpos de los desaparecidos muestran claramente que el perímetro de influencia de las fuerzas armadas se extiende más allá del centro clandestino de detención.

…dicen que lo comían los perros... los alzaban y los tiraban en medio de los cerros, arriba. Si, un día yo estaba pescando en un río y andaban dos o tres helicópteros y estaban ahí [los cuerpos], al aire libre (…) Ahí vi al chico y a la chica muerta en la caña (…) por el mal olor los perros vecinos iban a comerlos y de ahí los han traído para acá, para el cementerio. Los han traído a los chicos esos... (Fernando).

---

18. Cuando Carlos dice "cascos humanos", se refiere a los cráneos.

19. En los siglos XIX y XX se consolidó el culto moderno a las tumbas y los cementerios (Ariès, 1977, pp. 55-56, 68).

20. Está claro que las formas en que las familias inscriben a sus muertos en el espacio pueden, no obstante, ser diversas y sin duda van más allá del uso de estos espacios específicos. Sobre este tema, véase Hallam & Hockey (2001, pp. 77-100); así como Walter & Gitting (2010, pp. 165-177).

El molesto olor a muerte recorre los cañaverales, señalando el crimen que se ha cometido. La situación se vuelve insoportable para la gente que vive allí. La visión de un cuerpo destrozado es un espectáculo aterrador. En mi lectura, los entierros realizados por los propios habitantes del pueblo pueden entenderse como intentos de separar a los muertos y colocarlos en el "lugar correcto". Los cadáveres abandonados en el suelo interrumpen un largo proceso cultural propio de las sociedades occidentales y cristianas, cuyo objetivo es crear y mantener la separación entre el cuerpo y el mundo animal.

Un cadáver abandonado sin protección en la superficie de la tierra corre el riesgo de enredarse/mezclarse con otros elementos. En contextos de violencia de masa, son frecuentes los casos de "hibridación" entre cadáveres y animales. Esta es una característica común de otros conflictos armados, como el de Colombia (Nieto, 2012). En las narrativas post-conflicto, encontramos referencias a cuerpos abandonados que empiezan a perder su "forma humana" al tiempo que se asocian con otros elementos de la naturaleza, la geografía y las infraestructuras.

Ante esta situación, la gente reacciona intentando reorganizar a los muertos mal enterrados. Evitan que los cuerpos sean comidos, intentan ahuyentar a los animales... En esta región del suroeste de Tucumán, hay testimonios de personas que han encontrado cadáveres anónimos y los han enterrado en los cementerios de sus pueblos[21]. Con estos enterramientos se intenta no sólo evitar la visión de cadáveres en descomposición, sino también evitar la hibridación involuntaria: que restos humanos entren en contacto con cuerpos de animales.

El proceso de descomposición de los cadáveres no es cultural, pero sí lo es la forma en que se perciben, se gestionan y se convierten en objetos de atribución de significados (Moisseeff, 2013). La cultura occidental se ha esforzado por evitar la exhibición de cadáveres en descomposición[22].

---

21. Un miembro del Equipo Argentino de Antropología Forense (EAAF) me contó que comenzaron a trabajar en los cementerios de estos pueblos del sur de Tucumán precisamente para encontrar este tipo de entierros realizados por los propios pobladores (julio de 2012, notas de diario de campo). De esta manera, fue encontrado Tomás Francisco Toconás, militante del Ejército Revolucionario del Pueblo, ERP (Martinez, 2012).

22. Guy, Jeanjean y Richier señalan el terror social provocado por la idea y las imágenes de los muertos a medio camino: "La descomposición del cadáver es sin duda el evento que cataliza todos los miedos y terrores. Los terrores colectivos se vinculan a esta etapa en la que el cadáver no está completamente descompuesto, donde los huesos aún no se han separado por completo de la carne. (…) es la fase en la que los muertos son hostiles e inaccesibles, sin ser

MATERIAS INESTABLES

Como señala Marika Moisseeff (2013), son las instituciones médicas y quirúrgicas las que asumen el "trabajo sucio" de ocuparse de los cadáveres humanos. Sin embargo, en situaciones de violencia de masa, esta parte del proceso que no debería ser visible reaparece en la escena pública.

En 2011, entrevisté a Juan, un hombre de Famaillá. Su padre fue secuestrado en 1975 y permanece "desaparecido" hasta el día de hoy. Él mismo era apenas un niño en esa época. Tras el secuestro de su padre, Juan vivió con sus abuelos y asistió a dos escuelas que funcionaron como centros clandestinos de detención durante la dictadura: la Escuela Diego de Rojas y la Escuela Lavalle. Es probable que su padre haya estado detenido en alguna de estas escuelas. De esta experiencia, Juan recuerda:

> ...se escuchaban los rumores que a través de las paredes se filtraba sangre. Tengo un chico amigo que me contó esa historia, que ellos vieron eso, que vieron sangre (...). Y unos chiquitos jugando pasaron sin querer y se encontraron con esto, se encontraron con restos óseos, cuerpos en descomposición... (Juan)[23]

En los relatos de los entrevistados, a veces es incluso la infraestructura del edificio la que comienza a comportarse de forma extraña al entrar en contacto con los desaparecidos. Esta vez no vemos los cuerpos, pero su presencia se "difunde" y resuena en el espacio que se suponía que debía ocultarlos.

En el discurso de Juan, la referencia a posibles enterramientos clandestinos dentro o debajo de la infraestructura de ciertos edificios pareciera modificar el "esqueleto arquitectónico" haciéndole hacer cosas fuera de lo normal. Esta infraestructura alterada oculta y a la vez señala el crimen. Juan también relata los momentos de angustia que pasaba en el colegio:

> ...en la escuela, miraba el patio, la cancha de basquet de la escuela donde tenía educación física y uno miraba el piso con la pregunta ¿mi papá, estará acá? ¿Dónde estará? [Luego, continúa diciendo que también se comentaba que al pasar por...] esta escuela, por la vereda, era un olor nauseabundo lo que salía de adentro... debe tener... hay mucha gente (...) Se hablaba de que podía haber gente sepultada en la escuela.

Aunque el olor desagradable de la muerte se asocia generalmente al proceso de descomposición del cadáver, en el discurso de Juan es la escuela la que desprende el "olor nauseabundo" de la muerte. El hedor,

---

necesariamente fantasmas, pero tampoco minerales, ni seres vivos" (traducción libre de la autora) (Guy, Jeanjean & Richier, 2013, p. 22).

23. Su padre desapareció y nunca fue encontrado. Tenía tres años en el momento de la desaparición. Ahora trabaja en una fábrica (agosto de 2011, Famaillá).

que impregna las paredes, indica que allí se ha cometido un crimen. "*Se hablaba de que podía haber gente sepultada en la escuela*" (Juan). Los espacios de la vida cotidiana son desviados de sus usos habituales, los cadáveres son "(des)colocados" allí. La infraestructura de la escuela, que se había transformado en un centro clandestino de detención –donde la gente dice que el suelo esconde cadáveres–, volverá a utilizarse como escuela durante el periodo democrático. Pero el hecho de que se reanudaran allí las actividades educativas no restablece la normalidad. En el relato de Juan, y en su referencia a los rumores de que corría sangre por las paredes de la escuela, el edificio acosa a quienes continúan utilizándolo.

La presencia de quienes han sufrido una "mala muerte" atormenta a los que habitan estos lugares a posteriori como una presencia fantasmagórica (Tello Weiss, 2022), pero también puede trastocar la propia infraestructura material y las prácticas espaciales que allí tienen lugar (Pile, 2005, p. 147). En este sentido, es importante analizar el impacto que estas "malas muertes" siguen teniendo casi cuatro décadas después. Estos efectos a largo plazo de la violencia de masa pueden apreciarse claramente en las entrevistas. Los habitantes de la zona ocupada por los militares hablan sobre la manera en que espacios de desaparición (Colombo, 2017) no sólo conservan las marcas de la violencia, sino que siguen estando asociados a acontecimientos fuera de lugar y de tiempo.

En el libro *Purity and Danger*, Mary Douglas (1996) reflexiona sobre la vieja definición de suciedad como la materia que está fuera de lugar ("matter out of place"):

> La suciedad es el corolario de una sistemática ordenación y clasificación de la materia, en la medida en que ordenar implica también el rechazar los elementos inapropiados. (…) Los zapatos no son sucios en sí mismo, pero es sucio ponerlos sobre la mesa del comedor. (…) En resumen, nuestro comportamiento contaminante es la reacción que condena a cualquier objeto o idea susceptible de confundir o contradecir una clasificación apreciada. (Douglas, 2001 [1967], p. 55)

Al subrayar el hecho de que los cadáveres aparecen donde no se les espera –de forma "desplazada", "fuera de lugar"– me refiero a modos de representación subjetiva del vínculo entre los cadáveres y el espacio. No estamos argumentando que exista un "lugar correcto" para la muerte, sino que hay lugares que han sido socialmente dispuestos para este fin, y que es esta disposición socialmente aceptada la que la desaparición pone patas para arriba. La "mala muerte" (Douglas, 2001 [1967]; Hockey, Komaromy & Woodthorpe, 2010) del desaparecido es "mala" porque no ocurre ni en el momento ni en el lugar donde se supone que debe ocurrir.

En esta parte de la provincia de Tucumán, los cuerpos son vistos y/o imaginados en lugares no convencionales: los cadáveres no están en su lugar, fueron "movidos". Como resultado de este proceso, los espacios de la vida cotidiana están "fuera de lugar". El mundo, antes conocido, ha quedado irremediablemente "fuera de lugar".

¿Necro-soberanía?

Como hemos señalado, en el contexto del Operativo Independencia en Tucumán, las Fuerzas Armadas tenían prácticas distintas a las del resto de Argentina en cuanto al tratamiento de los muertos. Lo que encontré en las entrevistas fueron referencias a dos tipos de tratamiento del cadáver: por un lado, el traslado de los cuerpos más allá de la zona donde habían sido asesinadas las personas y su ubicación en fosas comunes debajo de los espacios de la vida cotidiana; por otro lado, el abandono de los cadáveres en lugares públicos, como por ejemplo en medio de campos, en el monte, en la autopista...

Los restos abandonados, desprovistos de contexto, son otro tipo de desaparición que implica la aparición de un enigma. Los muertos que no son enterrados, sino abandonados en el suelo, dan lugar a la aparición de historias sobre cuerpos que no coinciden con la visión de lo que fue la desaparición en el resto del país, donde los desaparecidos son muertos sin cuerpo.

Sin embargo, estos cuerpos abandonados que aparecen en la superficie siguen siendo desaparecidos en la medida en que son cuerpos sin nombre, sin identidad. El sujeto, cuya identidad y cuerpo estaban unidos antes de la desaparición, aparece en un espacio, pero escindido: los cuerpos aparecen sin identidad (Mercado, 2005). La muerte "fuera de lugar" de los desaparecidos no refleja la ausencia de espacio, sino una relación inusual entre espacio y muerte. En este apartado analizaré el impacto que el abandono de cuerpos "fuera de lugar" puede tener en la estrategia de recuperación territorial.

Normalmente, en el proceso de desaparición forzada en Argentina, el centro clandestino de detención, los espacios de la muerte y los lugares de "disposición final" del cadáver no coinciden. Esta falta de coincidencia entre el lugar de detención, el lugar de la muerte y el lugar donde yacen los cuerpos nos lleva a preguntarnos por el vínculo entre esta circulación de cuerpos y las reconfiguraciones territoriales que tuvieron lugar en la zona ocupada militarmente. ¿Existe un posible vínculo entre la ocupación militar y el abandono de cadáveres?

El libro *La Base*, de Lucía Mercado (2005), presenta testimonios de los habitantes del pueblo de Santa Lucía, donde se instaló una de las mayores bases militares del sur de Tucumán. La autora relata varios casos de cadáveres dejados a la vista de todos durante la dictadura. Entre los numerosos testimonios recogidos por Mercado se encuentran los siguientes:

> Traían algunos muertos [los militares] y los dejaban (…). La primera semana dejaron tres cuerpos tirados en fila y estuvieron cuatro días, todos los vimos. (Testimonio de Miqui, en Mercado, 2005, p. 253)

> Y los militares los balearon a todos, vemos los muertos colgados de la tapia (…). ¡Pobres los extremistas! (…). Y los dejaron colgados dos, tres días, todos los íbamos a ver: –"¡Eh, mira un extremista!" Los milicos nos corrían pero no sacaban a los tipos colgados de la tapia, querían que nosotros los veamos. [Luego] Los sacaron y los deben haber enterrado por ahí. (Testimonio de Donato, en *ídem*, p. 309)

> Lo que han hecho a él ha sido muy malo, no es cosa de cristiano, no se le hace a un humano, aunque hubiera sido un extremista. (…) en el medio del monte, lo han colgado de un árbol. (…) así lo han dejado tres días. Hay gente que dice que también le habían puesto miel, para que se le suban las hormigas, los militares hacían eso. (Testimonio de Doña Nemesia Antúnez de Ávalo, en *ídem*, pp. 265-266)

Eric Lair señala que cuando la exhibición de cadáveres en una situación de conflicto

> …se enlaza con planes de parálisis del tejido social o de dominación, reviste intencionalidad, es decir, dimensiones estratégicas, y se convierte en una herramienta de guerra. Se acentúan las funciones de teatralización y comunicación en la violencia, y finalmente su carga simbólica y comunicativa. La guerra y el terror confluyen para transmitir mensajes donde el reparto espacial de los cuerpos cumple con una clara labor de información en la violencia. (Lair, 2003)

La particularidad de la zona del sudoeste tucumano es que fue el territorio elegido como lugar donde los militares escenificaron la idea de una guerra contra la guerrilla marxista que, a su juicio, ponía en peligro la soberanía nacional.

Según el comandante Acdel Vilas, que dirigió la primera parte de la Operativo Independencia: "No se trataba de salir al cruce del ERP con la intención de solucionarle un problema al justicialismo, sino de salvaguardar la soberanía de la patria en peligro" (Vilas, 1977). La zona donde el PRT-ERP había iniciado el experimento de la guerrilla rural sería el territorio donde el Estado actuará y escenificará la idea de la guerra

(Garaño, 2011). También será en esta zona donde se dejarán cadáveres sobre la superficie.

Según Finn Steputtat (2014), lo que ocurre con los cadáveres puede proporcionar claves para entender las diversas formas en que se reclama y se ejerce la soberanía. En este sentido, es importante reflexionar sobre los vínculos entre estos cadáveres de desaparecidos abandonados precisamente en la zona militarizada donde el Estado pretendía recuperar la soberanía que decía estar en peligro. Michel Foucault (2013 [1975]) sostiene que un régimen de poder puede ser analizado a partir de la forma en que distribuye y ordena los cuerpos en el espacio. Podríamos añadir a este análisis la forma en que el Estado distribuye y ordena los cadáveres. Las diferentes formas en que se muestran u ocultan los cadáveres reconfiguran la relación entre el espacio y los sujetos. No es sólo la forma en que se da muerte, sino también la forma en que la muerte se sitúa en el espacio lo que produce efectos sociales. Considero que el desplazamiento de los cadáveres que tuvo lugar en Tucumán podría interpretarse como una práctica de marcación del territorio que las fuerzas armadas tenían (o querían tener) bajo su control.

Achille Mbembe señala que la noción de biopoder de Foucault es insuficiente para dar cuenta de las "formas de sumisión de la vida al poder de la muerte" (Mbembe, 2003, p. 39). Por eso propone los conceptos de "necropolítica" y "necropoder". Aquí quisiera justamente ampliar este debate y proponer la idea de "necrosoberanía", que vincularía los cadáveres, el control territorial y las disputas sobre la soberanía nacional.

Destruir la unidad para conquistar la soberanía

Por último, no se trata sólo de los cadáveres que quedan en la superficie, sino de las condiciones en que fueron vistos. La violencia a menudo acaba rompiendo la unidad constitutiva del propio cuerpo, y así es como vemos cuerpos desmembrados, fragmentos de lo que había sido una unidad:

¡Uhhh si vieras! Piernas, brazos, cabezas, todo había. Y ahí andaban los camiones. Así tire, así tire... (…) Ahí, a donde ha sido la guerrilla. (Fernando).

El principio holístico del cuerpo como persona, según Claude Fintz, regula el imaginario de nuestros cuerpos:

El cuerpo se imagina como un santuario inviolable y la idea de que puede desmontarse en partes intercambiables cuestiona este vínculo fundamental entre el cuerpo y la persona. (Fintz, 2008, p. 496)

La aparición, en el discurso público, de un cadáver que está en proceso de convertirse en otra cosa trastoca las categorías establecidas, trastorna las jerarquías y la unidad de la idea normativa de lo que es un cuerpo-persona (Beaulé, 2014; Blair, 2005). Los cadáveres que aparecen no están "en su sitio" (fuera de la escena del crimen y fuera del cementerio) y, lo que es más, aparecen disociados y fuera de la unidad que debería garantizar el espacio del propio cuerpo. La violencia infligida a estos cuerpos bien podría cuestionar la propia definición de lo que es un cuerpo humano o de lo que puede llegar a ser.

Varios autores han explorado la forma en que el cuerpo se utiliza como medio para transmitir mensajes políticos, sociales, históricos y simbólicos (Verdery, 1999; Ferrandiz, 2014). Rocío Magaña señala que, con respecto a la aparición de cadáveres en México, aunque ocurre "en los márgenes jurídicos y territoriales del Estado, el cuerpo muerto paradójicamente deviene un sitio productivo para las performances de autoridad" (Magaña, 2011, p. 158). La autora continúa diciendo que esta cualidad performativa del cuerpo y su exhibición es amplificada por ciertos cadáveres, particularmente cuando las muertes son presentadas como

…innecesarias, no naturales o excesivas, y los cuerpos aparecen fuera de lugar. En otras palabras, la potencia semántica del cuerpo como un escenario simbólico en el cual lo deseable o aceptable puede ser expresado es precisamente lo que hace que las intervenciones en el cadáver públicamente dislocado y expuesto sean sociopolíticamente productivas. (Magaña, 2011, p. 159)

Volviendo a Tucumán, consideramos que los cadáveres también han sido tratados como un espacio rebelde. Como hemos explorado en otro lugar (Colombo, 2014), uno de los objetivos centrales de este modus operandi militar fue desmantelar real y simbólicamente los espacios de insurrección. La forma en que el cuerpo del desaparecido es desmembrado y visibilizado públicamente en este territorio remite inevitablemente a la forma en que fueron tratados y controlados los espacios de rebeldía durante la dictadura militar.

Conclusión

Los cadáveres son símbolos políticos polisémicos que producen un exceso de significado difícil de controlar (Verdery, 1999; Stepputat, 2014). Este exceso está indudablemente ligado a la forma en que estos cuerpos son comprendidos, representados y recordados por la población. El impacto político de la aparición de los cuerpos de los desaparecidos reside en el hecho de que introduce en la comunidad de los vivos la posibilidad de otras formas de muerte, y en particular formas que implican un cuerpo humano que ha sido violentamente abierto y reasociado con elementos no humanos. La aparición de estos cadáveres-en-construcción socava la idea misma de lo que es (o puede llegar a ser) un cuerpo humano sin vida.

Las formas en que el cadáver es manipulado, colocado en el espacio, exhibido y ocultado son prácticas que alteran no sólo el espacio vital de la población, sino también el propio espacio del cuerpo, que es violado, fragmentado y reconfigurado: el cuerpo aparece así como un espacio en el que el Estado también reinscribe su soberanía.

Por la forma en que los militares trataban los cuerpos de los desaparecidos, y la forma en que los hacían circular en el espacio público, considero que es posible pensar que el cuerpo formaba parte de la estrategia de "reconquista" territorial adoptada por los militares. El cadáver era utilizado para marcar el espacio que iba a ser "recuperado" y, al mismo tiempo, para "reafirmar" la presencia del Estado en una región considerada amenazada por las guerrillas.

Referencias bibliográficas

AGAMBEN, G. (2000). *Lo que queda de Auschwitz. El archivo y el testigo. Homo Sacer III*. Madrid, Pre-Textos.

ANSTETT, É. & DREYFUS, J.-M. (Dir.) (2012). *Cadavres impensables, cadavres impensés. Approches méthodologiques du traitement des corps dans les violences de masse et les génocides*. Paris, Pétra. [edición en castellano: *Cadáveres impensables, cadáveres impensados. El tratamiento de los cuerpos en las violencias de masa y los genocidios*. Buenos Aires, Miño y Dávila editores, 2013].

ARIÈS, P. (1977). *L'Homme devant la mort*. Paris, Seuil.

BEAULÉ, S. (2014). Le corps en devenir et la machine de guerre: Bérard, Chen, Darrieussecq et Dufour, *Recherches féministes,* vol. 27, nº 1, 129-144.

BLAIR, E. (2005). *Muertes violentas. La teatralización del exceso*. Medellín, Editorial Universidad de Antioquia.

CALVEIRO, P. (2001). *Poder y desaparición. Los campos de concentración en Argentina*. Buenos Aires, Colihue.

COLOMBO, P. (2014). "Spaces of confrontation and defeat: the spatial dispossession of the revolution in Tucumán, Argentina", *en* E. Schindel & P. Colombo (Dir.), S*pace and the Memories of Violence. Landscapes of Erasure, Disappearance and Exception*. Basingstoke, Palgrave Macmillan, 48-60.

COLOMBO, P. (2017). *Espacios de desaparición. Vivir e imaginar los lugares de la violencia estatal*. Buenos Aires, Miño y Dávila editores.

COLOMBO, P. (2022). Du déplacement forcé à l'auto-défense. Techniques de contre-insurrection et politiques de développement rural durant la guerre froide globale en Amérique latine, *Cultures & Conflits*, 2022/1 (nº 125), 21-49.

Douglas M. (2001 [1967]), *De la souillure. Essai sur les notions de pollution et de tabou*. Paris, La Découverte/Syros.

Feierstein, D. (2007). *El genocidio como práctica social. Entre el nazismo y la experiencia argentina*. Buenos Aires, Fondo de Cultura Económica.

Feld, C. (2010). "El centro clandestino de detención y sus fronteras. Algunas notas sobre testimonios de la experiencia de cautiverio en la ESMA", *en* Ediciones Böll Cono Sur (Dir.), *Recordar para pensar. Memoria para la democracia*. Santiago de Chile, Heinrich Böll Stiftung, 23-43.

Feld, C. (2006). Quand la télévision argentine convoque les disparus. Modalités et enjeux de la représentation médiatique d'une expérience extrême, *Le Temps des médias*, 2006/1, n° 6, 188-202.

Ferrandiz, F. (2014). "Subterranean autopsies: exhumations of mass graves in contemporary Spain", *en* E. Schindel & P. Colombo (Dir.), S*pace and the Memories of Violence. Landscapes of Erasure, Disappearance and Exception*. Basingstoke, Palgrave Macmillan, 61-73.

Fintz, C. (2008). "Le corps, au centre d'une guerre des imaginaires?", *en* C. Fintz (Dir.), *Les Imaginaires du corps en mutation. Du corps enchanté au corps en chantier*. Paris, L'Harmattan, 495-506.

Foucault, M. (2013 [1975]). *Surveiller et punir. Naissance de la prison*. Paris, Gallimard.

Franco, J. (2013). *Cruel Modernity*. Durham et London, Duke University Press.

Garaño, S. (2011). El monte tucumano como "teatro de operaciones": las puestas en escena del poder durante el Operativo Independencia (Tucumán, 1975-1977), *Nuevo Mundo Mundos Nuevos, Cuestiones del tiempo presente* (en línea), DOI: 10.4000/nuevomundo.62119.

Gatti, G. (2011). *Identidades desaparecidas. Peleas por el sentido de los mundos de la desaparición forzada*. Buenos Aires, Prometeo.

Guy, H.; Jeanjean, A. & Richier, A. (2013). Le cadavre en procès: une introduction, *Techniques & Culture,* vol. 60, n° 1, 16-29.

Hallam, E. & Hockey, J. (2001). "Space of death and memory", *en Death, Memory and Material Culture*. Oxford, Berg, 77-100.

Hockey, J.; Komaromy, C. & Woodthorpe, K. (2010). *The Matter of Death. Space, Place and Materiality*. Reino Unido, Palgrave Macmillan.

Jemio, A. (2021). *Tras las huellas del terror. El Operativo Independencia y el comienzo del genocidio en Argentina*. Buenos Aires, Prometeo.

Kaufman, A. (1998). Desaparecidos, *Revista de Estudios Sociales*, vol. 2 ("Guerra y paz"), 133-141.

Kernaghan, R. (2014). "Time as weather: corpse-work in the prehistory of political boundaries", *en* F. Stepputat (Dir.), *Governing the Dead. Sovereignty and the Politics of Dead Bodies*. Manchester y New York, Manchester University Press, 179-202.

Lair, E. (2003). Reflexiones acerca del terror en los escenarios de guerra interna, *Revista de Estudios Sociales*, vol. 15, junio, 88-108.

MAGAÑA, R. (2011). "Dead bodies. The deadly display of mexican border politics", *en* F. Mascia-Lees (Dir.), *A Companion to the Anthropology of the Body and Embodiment*. Singapour, Wiley-Blackwell, 159-171.

MARTINEZ, D. (2012). Los vuelos de la ESMA y los que falta investigar, *Pagina/12*, 3 de diciembre.

MBEMBE, A. (2003). Necropolitics, *Public Culture*, vol. 15, n° 1, 11-40.

MERCADO, L. (2005). *Santa Lucía de Tucumán: La base*. Buenos Aires, autoedición.

MOISSEEFF, M. (2013). "Requiem pour une morte : Aftermath (Cerdà 1994). Ou l'art paradoxal de réhumaniser le cadavre", *en* H. Guy, A. Jeanjean & A. Richier, Le cadavre en procès, *Techniques & Culture*, vol. 60, n° 1, 160-179.

NIETO, P. (2012). *Los escogidos*. Medellín, Sílaba editores.

PANIZO, L. (2011). *Donde están nuestros muertos: Experiencias rituales de familiares de desaparecidos de la última dictadura militar en la Argentina y de caídos en la Guerra de Malvinas,* tesis de doctorado en Ciencias Antropológicas, Universidad de Buenos Aires.

PILE, S. (2005). *Real Cities. Modernity, Spaces and the Phantasmagorias of City Life*. Londres, Sage Publications.

RINESI, E. (2003). *Política y tragedia: Hamlet entre Hobbes y Maquiavelo*. Buenos Aires, Colihue.

SCHINDEL, E. (2014). "A limitless grave: memory and abjection of the Río de la Plata", *en* E. Schindel & P. Colombo (Dir.), *Space and the Memories of Violence. Landscapes of Erasure, Disappearance and Exception*. Basingstoke, Palgrave Macmillan, 188-201.

SOMIGLIANA, M. & OLMO, D. (2002). ¿Qué significa identificar?, *Encrucijadas, Revista de la Universidad de Buenos Aires*, vol. 15, 22-35.

STEPPUTAT, F. (Dir.) (2014). *Governing the Dead. Sovereignity and the Politics of Dead Bodies*. Manchester y New York, Manchester University Press.

TELLO WEISS, M. (2022). "¿Cómo hacerles saber que ya no habito este cuerpo?": un análisis antropológico sobre la dimensión corporal en las experiencias concentracionarias, *Revista de Antropología Social* 31(1), 71-87.

VERBITSKY, H. (1996). *The Flight: Confessions of an Argentine Dirty Warrior*. New York, The New Press.

VERDERY, K. (1999). *The Political Lives of Dead Bodies: Reburial and Postsocialist Change*. New York, Columbia University Press.

VILAS, A. (1977). Diario de campaña. Tucumán: enero a diciembre de 1975, Mimeo.

WALTER, T. & GETTING, C. (2010). "What will the neighbours say? Reactions to field and garden burial" *en* J. Hockey, C. Komaromy & K. Woodthorpe, *The Matter of Death. Space, Place and Materiality*. Reino Unido, Palgrave Macmillan, 165-177.

CAPÍTULO 2

El remolino de los muertos:
modos, espacios y tiempos de existencia de los cadáveres de la violencia armada en Colombia, entre identificación y santificación

Anne-Marie Losonczy

Para Patrick Menget
In memoriam

"Un hogar para los huesos y las almas errantes"[1]. Así evoca su pueblo natal doña María Carmen, quien "eligió" los restos de dos muertos anónimos de la violencia armada recuperados del río Magdalena, los "bautizó", los enterró, y lleva varios años cuidándolos ritualmente. A cambio recibe beneficios llamados "favores".

Mi investigación etnográfica realizada recientemente en torno a estos rituales informales de recepción y "bautismo" de restos anónimos acarreados por el río Magdalena en Puerto Berrío, ciudad portuaria de pescadores y comerciantes de la región del Magdalena Medio en el occidente colombiano[2], permite ampliar el cuestionamiento sobre la corporeidad de los cadáveres resultantes de la violencia armada. Estos rituales, al evitar la identificación de los muertos, constituyen un contrapunto al proceso

---

1. Notas de campo, 2016.
2. El municipio de Puerto Berrío, en el Magdalena Medio (departamento de Antioquia), considerado durante décadas como una de las zonas más peligrosas de Colombia, cuenta con 38.953 habitantes, de los cuales 34.000 viven en el núcleo urbano (Dane, 2012). Cruce comercial y de tránsito hacia las costas del Caribe y el Pacífico del país, región de latifundios agrícolas y de minería aurífera, la historia política de esta zona ha estado marcada desde la década de 1960 por una fuerte resistencia campesina y la presencia de varios grupos guerrilleros nacientes. En la década de 1970, el ejército se instaló definitivamente en el pueblo, junto con el surgimiento de grupos paramilitares cada vez más vinculados a las redes del narcotráfico. A partir de la década de 1980, escuelas y cuarteles construidos por el ejército convivieron en el espacio urbano con cadáveres mutilados producto de la multiplicación de ejecuciones extrajudiciales, desapariciones y asesinatos que aparecían en calles, plazas, jardines, pozos y en el río.

institucional de exhumación-identificación. Dicho proceso es uno de los ejes centrales de los dispositivos legales de posconflicto, que, por su parte, pretende restituir a los restos su identidad social y pertenencia genealógica *ante mortem*, cuyo signo y soporte primario es el nombre. Asimismo, la solicitud de exhumación y el acompañamiento de las familias y/o comunidades les otorga una identidad pública positiva al incluirlos en la categoría jurídica, política y moral de víctima (Fassin & Rechtman, 2007), opuesta a la de verdugo.

Los rituales de "elección" de restos anónimos recuperados del río Magdalena en Puerto Berrío[3] constituyen así modos de actuación alternativos a las exhumaciones enmarcadas en la justicia transicional y en la pericia forense, ya que el acto ritual de "elección" se ejerce sobre restos anónimos marcados por la inestabilidad identitaria, genealógica, y por ende, social y política. Así, la no identificación de los restos "elegidos" impide categorizarlos en muertos conocidos o desconocidos, hombres o mujeres, víctimas o verdugos.

Los rituales informales y las exhumaciones trazan cada uno de manera diferente las vicisitudes de la individualidad *post mortem* de los restos mediante las formas de movilidad y las transformaciones corporales y sociales que aquellos les imponen. Estas se realizan a través de formas rituales y discursivas compuestas y contradictorias. Por un lado, están ancladas en las representaciones tradicionales del destino *post mortem* de las almas, en cuanto entidades con corporeidades múltiples y móviles entre cadáver y fantasma. Por otra parte, como en otros contextos de posconflicto en América Latina, provienen de la apropiación parcial de

---

3. El trabajo de campo, que tuvo una duración total de tres meses, se llevó a cabo entre mayo de 2016, abril de 2017 y noviembre de 2018. Uno de sus desafíos fue la fuerte cobertura mediática intermitente de estas prácticas en la prensa nacional. Ello me condujo a evitar entrevistas y a privilegiar el acompañamiento de los "adoptantes" de los muertos, del sepulturero y del *animero* en sus actos rituales y sociales y en sus hogares, recogiendo sus relatos y comentarios en su contexto de enunciación. Por otro lado, se realizaron entrevistas semi-directivas a sacerdotes y voluntarios de la iglesia Nuestra Señora de los Dolores, a antropólogos forenses y funcionarios del Ministerio Público, así como a los líderes de la asociación de familiares de las víctimas Ave Fénix, en su gran mayoría mujeres. Esta asociación pudo organizar, con el apoyo de la Iglesia y de ciertas instituciones del Estado, ritos públicos de homenaje a las víctimas, cuyo análisis queda pendiente. A causa de la violencia armada que persiste y reaparece en la región, a pesar de la firma en 2016 de un acuerdo de paz entre el Gobierno colombiano y la guerrilla de las FARC, la mayoría de los nombres de los interlocutores han sido cambiados y algunos han sido dejados en anonimato..

modelos prácticos y discursivos surgidos de la justicia transicional (Robin Azevedo, 2016). Estos modelos se despliegan en el doble registro de la búsqueda de huellas memoriales de hechos silenciados o disimulados y de exhumaciones materiales. Ambos apuntan, en su vertiente pericial, a establecer la veracidad de las exacciones y a sustentar la identidad civil del difunto sobre sus restos, lo que permite hacer de ellos un soporte de verdad histórica y una prueba judicial.

La coexistencia paralela o sucesiva de estas dos lógicas de acción produce conflictos locales entre diferentes actores movilizados por las muertes y desapariciones vinculadas a décadas de violencia armada multifacética en Colombia. Estos conflictos aparecen como analizadores privilegiados del estatus, el modo y la temporalidad de la presencia de los cadáveres en sus diferentes avatares. Revelan que las diversas corporeidades del cadáver producto de la violencia armada funcionan como soportes centrales para la construcción de dispositivos rituales y memoriales en escalas y lógicas diferentes y a menudo rivales.

Víctimas de una violencia armada que muchas veces se empeña en desfigurar o descuartizar los cuerpos y esparcir sus pedazos *post mortem*, los restos humanos, escondidos durante mucho tiempo, y salidos a la luz, sacados del río Magdalena o descubiertos durante la apertura de fosas comunes, comparten una inestabilidad ontológica fundamental. El primer componente de esta inestabilidad es su ubicación incierta y cambiante, a menudo percibida como peligrosa por los vivos, ya que suelen aparecer en lugares considerados inadecuados e inapropiados para los muertos humanos. El segundo es su modo de aparición, mezclados con elementos naturales vegetales o animales y con restos de ropa u objetos personales de uso cotidiano. Por ende, esta corporeidad heterogénea y discontinua hace oscilar su estatus entre el de humanos, el de animales y el de desechos, y asimismo determina una variedad de tratamientos informales de los restos. Más aun, lejos de la fijación espacial e identitaria de los muertos enterrados en un lugar cultural y ritualmente acondicionado, el modo de existencia de los desaparecidos forzados y de los restos anónimos está marcado por la ambivalencia dolorosa de una presencia-ausencia: corporalmente ausentes pero presentes implícitamente por el hueco dejado por ellos para los vivos por la atormentadora incertidumbre vinculada a su desaparición y por el anonimato de los restos antes de la identificación forense.

Formas de hacer reaparecer a los muertos de la violencia: cuerpo y alma

Tras los trabajos pioneros en torno al estatus del cadáver en las violencias de masa y en las exhumaciones de fosas comunes en un contexto de posconflicto (Claverie, 2011; Anstett & Dreyfus, 2012; Ferrándiz, 2014; Garabian, 2016; Daas & Han, 2015) que resaltaron su centralidad en las políticas de memoria posconflicto, muchas facetas etnográficas del "retorno de los muertos" son, en la actualidad, objeto de análisis (Delaplace, 2008; Kwon, 2008; Losonczy & Robin Azevedo, 2016; Sorrentino, 2018). Así, el examen de las exhumaciones como eventos clave multiescalares las hace aparecer como la puesta en escena del encuentro, a menudo paradójico, entre prácticas y representaciones tradicionales recompuestas de la muerte y del destino *post mortem* y aquellas, forenses y políticas, enmarcadas por la justicia transicional.

Sin embargo, al menos para América Latina, se ha dedicado menos atención a las prácticas informales en torno a los restos humanos, ancladas en representaciones locales, a menudo antiguas, que evitan o invierten la lógica del proceso de exhumación-identificación pericial-restitución. Del mismo modo, hay pocos análisis de conflictos y controversias entre estas dos lógicas de acción con los cadáveres producto de la violencia armada, así como sus repercusiones sobre la índole del duelo y la representación de la corporeidad y del estatus del cadáver.

Este texto propone entonces privilegiar el análisis de las formas relacionales y de las de la acción ritual que surgen en torno a modos informales de reaparición de restos. Estas prácticas, lejos de cualquier preocupación por la identificación, tienen como objetivo rearticular la relación entre la corporeidad heterogénea y discontinua de los restos, mezclados con elementos naturales y con fragmentos de objetos personales, y el componente inmaterial del muerto, para construir identidades *post mortem*, heterogéneas, pero tendiendo hacia una nueva estabilidad ontológica. Estos actos rituales se basan en la representación de las fronteras entre el cuerpo y el alma y dentro y fuera del individuo como porosas y fluidas.

En cambio, la reaparición programada de los restos que produce el dispositivo jurídico y forense de exhumaciones se basa en su trazabilidad técnica. A menudo, es el escenario de una divergencia en cuanto al estatus del cadáver entre actores forenses o políticos y familiares y su colectivo local. En primer lugar, las normas técnicas de la acción de los primeros no dejan lugar para el componente inmaterial de la persona del muerto, mientras que para los segundos su destino es esencial[4]. Además, el proceso de identificación impone a los restos, encontrados al final de un largo período de desaparición, una segunda ausencia muchas veces mal vivida: su desplazamiento a un laboratorio lejano y a varios lugares de almacenamiento que deben conducir a su identificación civil por ADN. Para ello, el tratamiento forense del cadáver reubicado procede mediante selección y muestreo. Por un lado, elimina elementos naturales y fragmentos de objetos personales mezclados con los restos, que para los familiares constituyen, en cambio, tanto partes y marcadores legítimos de identidad como sustitutos ritualizables del cuerpo del difunto. Por otro lado, el enfoque forense extrae elementos del mismo para someterlos al examen de ADN. Sin embargo, al final del camino forense, muchos servicios en Colombia intentan recomponer la osamenta para representar mejor el cuerpo completo, con el objetivo de devolver los restos a las familias.

El retorno de los restos a sus allegados determina la necesidad de la familiarización y del reanclaje ritual y discursivo de los muertos. Este proceso está modelado por la compleja relación entre los restos corporales, portadores de múltiples intervenciones periciales para ser reubicados en un espacio dedicado, y la representación del alma en errancia *post mortem* por falta de identificación y sepultura, considerada como una amenaza de desgracia para los vivos. Desactivar el peligro ligado a su mala muerte requiere su reanclaje en un nombre y un espacio fijo consagrado. Estos serán los soportes de su resocialización ritual: cuerpo y alma reunidos mediante la identificación y el entierro.

Por consiguiente, si bien el proceso de deslocalización y de recomposición pericial selectiva de los restos hallados, que es en lo que consiste la exhumación programada, constituye el precio por su transformación en soportes y pruebas de verdad histórica y jurídica, dicho proceso aparece también como un lugar de confrontación y negociación de diferentes regímenes de verdad movilizados por los actores en torno a la identificación de los muertos. Esta última se entiende tanto como la restitución de su identidad civil y genealógica *ante mortem,* como su inscripción en la categoría jurídica y política de "víctima". Dicha categoría designa una nueva identidad política y jurídica positiva que ofrece el posconflicto y

---

4. Sin embargo, trabajos recientes sobre la experiencia de los practicantes colombianos de la antropología forense en el contexto de la búsqueda de restos, y corroborados por mis propias entrevistas, ponen de realce prácticas de ritualización de la relación con los restos exhumados, como rezar antes de iniciar la exhumación y "pedir autorización al muerto" antes de tocarlo. Véase en particular Aranguren Romero (2019).

que se contrapone a la deslegitimada de los actores armados muertos. Estos últimos, con la excepción de algunos comandantes emblemáticos del movimiento guerrillero de las FARC que se han constituido en una especie de contrapanteón de héroes, no son reclamados por sus familias ni reivindicados por sus grupos armados de pertenencia.

En contraste, la acogida y la "elección" ritual individuales de restos desconocidos arrastrados por el río evita tanto la problemática de la identificación civil como la circulación de los restos, posterior a su aparición. Informal y alejada de toda institucionalización, esta práctica individual pone en el centro de la acción ritual el establecimiento de una nueva trama de relaciones entre los restos corporales y el alma del difunto, a través de su "bautismo" y entierro. Estos instauran una relación singular entre el alma y los restos de un muerto anónimo, y un viviente. Así, los restos corporales, enterrados por su adoptante bajo un apellido y un nombre dados por este último, son luego transformados mediante actos rituales procedentes del tradicional culto popular de los muertos en figuras santificadas a las que recurrir.

De la muerte violenta a la santidad de mediación

Desde hace muchas décadas, ofrendas, ruegos, oraciones y agradecimientos depositados al pie de los muros de los cementerios urbanos (Losonczy, 1998; 2003), en los nichos vacíos de las galerías periféricas y en las fosas comunes en Colombia y en otros países de América Latina (Calavia Sáez, 1996), van dirigidos a una nebulosa de difuntos, representados como muertes trágicas: desaparecidos, cadáveres recogidos sin identificación, muertos no reclamados o difuntos sin descendencia, asesinos o víctimas de asesinatos que la multifacética y permanente violencia de la historia colombiana sigue multiplicando. Estos muertos se evocan bajo la efigie del ánima sola, aglomeración anónima resultante de la representación de las almas del purgatorio del catolicismo oficial. Estos muertos son la figura misma de la disolución de la identidad: sin cuerpo, sin nombre individual, y por ende sin biografía que los ancle en una individualidad. A esta figura del olvido y del abandono, que se piensa susceptible de apegarse a una persona viva por su necesidad de ofrendas y de oraciones ("para aliviar su penitencia"), se le atribuye el poder de intervenciones milagrosas a favor de quienes los honran y les ruegan.

Subyacente a estos cultos se encuentra una representación de la muerte violenta y de la violencia infligida que forma la base de la potencial eficacia ritual de estas figuras. Una creencia difusa muy extendida, arraigada en tradiciones orales criollas y mestizas de la época colonial, afirma que a las víctimas de muerte súbita o violenta les faltó tiempo para su arrepentimiento, para que los conflictos suscitados o sufridos durante su vida pudieran ser pacificados con la conciencia de la agonía y de la proximidad de la muerte. Este trabajo de "luto de sí mismo" (Losonczy, 1990), criterio reconocido de una "buena muerte", es la condición indispensable para el cumplimiento de un buen destino *post mortem*: el rápido desprendimiento del mundo terrestre y la llegada al "reino de los muertos". Sin esto, las víctimas de muerte súbita o violenta quedan bloqueadas en una esfera liminar entre el mundo terrestre y el mundo de los muertos, apegadas al primero por su necesidad de las oraciones de los vivos y preocupadas por realizar suficientes buenas acciones para poder entrar en el reino de los difuntos. Así, el motor de su eficacia ritual es ese estatus intermedio, ligado a esa doble necesidad que los hace dependientes de los humanos. La violencia infligida durante la existencia solo se convierte en fuente de beneficios tras la muerte, si el violento ha conocido, a su vez, después de su propia muerte, la vulnerabilidad de los muertos por la violencia (Losonczy, 2003).

Objeto de un conocimiento implícito compartido (Taussig, 1984), esta gramática ritual subyace a las normas locales sobre el estatus y el tratamiento de restos anónimos que cuestionan o eluden la normativa internacional vinculada al posconflicto. Esto es, transforma estos muertos en figuras de recurso y mediación a través de un trabajo ritual similar al que produce con los santos mediadores tradicionales.

Tejido de actos y palabras, objeto de relatos de circulación local, el idioma ritual de "elección" de muertos desconocidos, víctimas del largo conflicto armado colombiano, por el tratamiento de sus restos y por la construcción de una relación ritual individualizada con su alma, hunde sus raíces en el culto popular de origen colonial del ánima sola, conjunto de almas errantes del purgatorio. Pero también se diferencia de él al otorgar un lugar central tanto a la elección y manipulación de los restos corporales, como al fundamento de una individuación de la relación entre un muerto y un vivo.

El torbellino de los muertos: el arte de tejer vínculos con los restos en Puerto Berrío

Al igual que otras aldeas y pueblos ribereños del occidente colombiano, Puerto Berrío, a orillas del río Magdalena en la región antioqueña, vive desde su fundación mirando al río: la pesca, el comercio y el transporte fluvial alimentan a muchas familias porteñas. Es una zona de tránsito, comercio y alta inmigración entre 1902 y 1961, durante el funcionamiento de los Ferrocarriles de Antioquia, red interregional de transporte ferroviario cuya última parada era precisamente el puerto de este municipio. Sus habitantes, mestizos y negros, llegados de todo el occidente colombiano[5], aparecen como un "mosaico étnico, cultural y de intereses" (Cadavid Bringe, 1996).

Pero al igual que todas las localidades del Magdalena Medio, Puerto Berrío también se ubica desde hace décadas en una zona particularmente emblemática de la violencia armada multifacética entre grupos rivales de guerrilleros, narcotraficantes, milicias paramilitares y Fuerzas Armadas. La presencia constante de estas dos últimas en el municipio hasta la década del 2000, que está en el origen de cientos de desapariciones forzadas y asesinatos selectivos[6], dejó una huella perdurable en las relaciones sociales y familiares con el sello de la fragmentación, el miedo y la desconfianza mutua que la reciente recomposición de varios grupos paramilitares vinculados al narcotráfico no ha dejado de realimentar (Uribe, 2008).

Paramilitares, Ejército y guerrilleros dejaron a su paso, como en otros lugares, numerosos cadáveres descuartizados y esparcidos en las inmediaciones del espacio habitado. Hoy en día, varios lugares aledaños son identificados por los habitantes como fosas comunes. Considerados como espacios de "mala muerte", tienen fama de liberar efluvios peligrosos para la salud de los vivos. Sin embargo, aunque algunos de ellos se arriesgan a derramar periódicamente allí agua bendita para "aliviar el dolor de las almas" y "sanear" un poco el lugar, estos muertos no se consideran adecuados para ser "elegidos" por falta de acceso a los restos enterrados. Además, el temor y la desconfianza persistentes vinculados a la proximidad de actores armados conocidos y emergentes, aún dificultan en gran medida las solicitudes de exhumación.

El río Magdalena se ha llevado, con el paso del tiempo, a miles de restos de los que son asesinados y arrojados río arriba. Desde hace unos treinta años, pescadores, bañistas y propietarios de barcas de transporte de los pueblos ribereños se encuentran día tras día con estos restos y, en ocasiones, los sacan del agua. Sin embargo, si solo los de Puerto Berrío los recuperan con asiduidad, es porque se sabe que los restos "se detienen" en las inmediaciones de la zona portuaria. Ello se debe, según

---

5. Descendientes de esclavos liberados de varias regiones vecinas o inmigrantes más recientes, el 12,5% de la población actual se identifica como "afrocolombiana", "afrodescendiente" o "negra" (estadísticas del Dane, 2005)

6. Según un informe de 2014 de CREDHOS (Corporación regional para la defensa de los Derechos Humanos), entre 1985 y 2012 el municipio experimentó 2.932 muertes violentas y 10.000 desplazamientos forzados.

explican muchos porteños, a los remolinos que crea el amplio meandro del río a la entrada del puerto, origen del antiguo nombre de la ciudad: Gran Remolino. Serían estos remolinos los que marcarían en el territorio acuático de la urbe *espacios de muerte* (Taussig, 1984), implantados en medio del mundo alimenticio de la pesca y del transporte fluvial. Limitan así, desde hace tiempo, el repertorio alimentario al consumo exclusivo de peces no carnívoros.

Hasta 2005, la pequeña morgue local no admitía estos restos por su cantidad y su avanzada descomposición[7], por lo que eran depositados directamente en el cementerio, al cuidado del sepulturero Carlos C. Desde entonces, según las nuevas disposiciones legales vigentes, los restos humanos anónimos, llamados NN (*no nombrado*), son en principio mantenidos durante ocho días en el refrigerador de la morgue en espera de una solicitud de identificación, y luego depositados en el cementerio provistos de un número de expediente.

A lo largo del tiempo, el cementerio del pueblo ha conocido momentos de congestión: en la década de los 90 y principios de los 2000, cientos de restos en bolsas negras de plástico fueron apilados en pequeñas salas contigua a los osarios y alrededor de dos pabellones. Estos dos locales son construcciones de tres niveles que albergan nichos funerarios: uno en la parte alta del cementerio enteramente dedicado a los muertos anónimos de la violencia armada, y el otro, llamado pabellón de la caridad (o pabellón de caridad), destinado a alojar los restos anónimos y los de los indigentes. Si bien desde la desmovilización de los paramilitares (2006), y tras la firma del acuerdo de paz con la guerrilla de las FARC en 2016, la llegada de los restos por el río disminuyó considerablemente, todavía queda una gran cantidad de restos alrededor de estas construcciones, a los que localmente se denomina "montón". Este se compone de huesos, cráneos, dedos, restos de manos, pies y vértebras no identificados, a menudo enmarañados y mezclados con vegetación acuática y jirones de ropa, reunidos en bolsas de plástico negras. A ojos de los habitantes, esta mezcla convierte su estatus en incierto: su representación oscila entre desechos, materia prima para temidas acciones de hechicería, y personas en potencia, ya sea por identificación o por "elección" realizada por algún vecino.

Estos lugares se vuelven especialmente peligrosos por la noche a causa de la presencia en ellos de restos de estatus no definido. Por este motivo los habitantes (institutrices, agricultores, enfermeras, comercian-

---

7. Cabe recordar que es recién a partir de 2006 que la Fiscalía registra los restos humanos encontrados con miras a su identificación.

tes, madres de familia, pescadores, funcionarios, transportistas fluviales, estudiantes, y sobre todo mujeres de todas las edades) acuden durante el día a buscar dichos restos y a través del acto de "elegir", sacarlos del anonimato, del olvido y de la deshumanización. El primer paso para ello es recurrir a la mediación de don Hernán, un viejo pescador, reconocido desde hace tiempo como el *animero* (responsable de las almas) de Puerto Berrío. Considerado como el primer interlocutor de los muertos anónimos, supuestamente capaz de "*amansarlos*", él será quien recitará ante ellos, a modo de ritual de bienvenida, la primera serie de novenas para las almas del purgatorio, y quien guiará luego la elección de los restos, reuniendo los huesos. Para el adoptante, el acto ritual fundacional de su "elección" consistirá posteriormente en sufragar los costes de la compra de un nicho funerario o un osario individual[8]. Este acto inaugura lo que localmente se llama el "bautismo del muerto": consiste en pintar la placa, borrando el número de identificación legal, y caligrafiar en ella la palabra "Elegido", seguida del nombre del adoptante y de un nombre y muchas veces también de un patronímico precedidos del signo NN y proporcionados por este, todo ello rodeado de motivos florales, litografías de santos y de un crucifijo.

La relación entre el muerto y el vivo, establecida por estos actos rituales, se sustentará en lo sucesivo con las misas pagadas en su honor, pero, sobre todo, con las oraciones de novena y las ofrendas periódicas. Se basa en lo que resume una frase frecuentemente evocada en Puerto Berrío: "El cuerpo sin familia y asesinado por la violencia ofrece milagros".

El vínculo así establecido despliega su acción ritual sobre la totalidad del ser del difunto, tal como lo esbozan las representaciones ancladas en un catolicismo consuetudinario, original y vivaz. Contrariamente a las exhumaciones forenses, su corporeidad en descomposición, mezclada con elementos naturales y fragmentos de objetos personales y de ropa, no sufrirá ninguna intervención modificadora, conservando así una parte de inestabilidad ontológica, lo que facilita su reconstruccion identitaria. Esta corporeidad se encuentra cobijada en su propio nicho funerario, que le brinda una nueva individualización entre los "buenos muertos" del cementerio, y ofrece un primer anclaje a su alma. Por su parte, el nicho se convertirá en el soporte de una nueva identidad y agentividad *post mortem*. El nombre dado por su "bautismo", que marca su placa funera-

---

8. El precio de un osario permanente –a diferencia de los nichos que deben adquirirse periódicamente– fluctúa actualmente entre 400.000 y 450.000 pesos colombianos: una suma considerable para gran parte de quienes "eligen" a un muerto anónimo.

ria, completa su nueva individualización: dicho patronímico constituye también el puente entre los restos corporales que desde entonces quedan anclados, y el alma, que encuentra allí un segundo anclaje.

Así pues, ¿cuál es la naturaleza de la relación entre el ser vivo "bautizante" y los restos de un muerto anónimo? El modo de apertura de la relación parece abrazar la lógica del parentesco ritual del padrinazgo-compadrazgo (Christinat, 1989) en su faceta vertical, que produce una filiación social y ritual a través del acto de nominación. El vivo, dador de nombre y barquero entre mundos, al igual que el padrino del recién nacido, (re)introduce al muerto en el mundo social y preside su (re)humanización: por consiguiente, el muerto aparece en la posición del ahijado.

La rearticulación de la corporeidad compuesta de los restos con el alma a través del anclaje espacial y ritual produce un nuevo ser *post mortem*, surgido del anonimato del olvido e inscrito en el espacio mortuorio y memorial local. Es sobre este nuevo ser sobre el que se desarrollará el trabajo ritual de los vivos, constituido de oraciones y continuas ofrendas de flores, agua bendita y velas encendidas, acompañadas de solicitudes de protección contra maleficios y muerte violenta, de ayuda para sí mismo y su propia familia para superar los avatares de la vida y, a veces, de súplicas de consuelo en el duelo inconcluso de seres queridos desaparecidos por la violencia armada. La continuidad de este trabajo ritual modela la agentividad benéfica del muerto, alejándola gradualmente del aura maléfica de su mala muerte, pensada como errancia y sufrimiento sin fin del alma, y riesgo de desgracia para los vivos. Esta relación ritual lo incita a avanzar en el camino de su transformación gradual en un buen muerto, aliviando su difícil trayectoria *post mortem* hacia el reino de los difuntos.

El nicho o el osario, individualizados por el nuevo nombre, por los elementos iconográficos y las ofrendas, son concebidos como la "casa" de los restos. Así, el adoptante que los visita los "despierta" golpeando suavemente la placa, luego, entablando una "conversación" que relata los pequeños acontecimientos de la vida cotidiana, presenta las ofrendas aportadas, indaga cariñosamente por el bienestar del muerto y formula peticiones. El tono de estos monólogos, que sorprenden por su familiaridad, carentes de *pathos* y, en muchas ocasiones, no exentos de humor, refleja una relación íntima que doña Elena, adoptante y cofundadora de Ave Fénix, una asociación local de familiares de desaparecidos[9], cuyo

---

9. Fundado en 2005 y con hasta 1.500 víctimas registradas, el movimiento Ave Fénix, liderado durante mucho tiempo por María Teresa Castrillón Sierra, reivindica la misión de mantener la memoria de los lugareños desaparecidos por la violencia armada a través de la organización periódica de actos públicos rituali-

marido está desaparecido desde 1992, formula al hablar de "su" muerto como "un miembro más de la familia". Como testimonio, valga este fragmento de una "conversación" de doña María Dilia F., adoptante de dos muertos, uno de los cuales adoptado para la "protección" de su hijo mayor, que cambia frecuentemente de trabajo y es propenso a la bebida: "Quihubo pues? Despierte que usted es el ángel de guarda [de P.], eche'pa'delante y protegémelo de todo mal y peligro"[10].

Vemos que la estabilización y la continuidad de la relación entre el vivo y el muerto familiarizado implica un flujo permanente de intercambios de servicios mutuos, en un registro de familiaridad afectiva. El difunto, poseedor ahora de un nombre propio, al igual que el ahijado en el padrinazgo, aparece aquí a la vez como dependiente y como proveedor de beneficios existenciales, frente al vivo, en su papel de padrino, dador de identidad y de beneficios rituales *post mortem*. Esta figura relacional recrea el ordenamiento social habitual de los estatus y las relaciones de parentesco ritual entre vivos, al tiempo que subvierte el ordenamiento común de relaciones entre los "buenos muertos" familiares y sus seres queridos.

Además, este modo relacional simétrico de mutuo beneficio entre el muerto y el vivo, enmarcado por una "elección" y un "bautismo" ritualizados, produce una desconexión del registro del duelo (Guillou & Vignato, 2012), así como de la distinción política y memorial entre víctimas y verdugos. Prueba de ello son las palabras del sepulturero de Puerto Berrío para quien "en este cementerio hay más muertos NN que personas conocidas... Aquí todos los muertos son víctimas, sin importar de qué lado estaban y por qué murieron. Todos tienen un lugar".

Después de los actos rituales de la elección de uno o más muertos anónimos, que los fijan en nichos funerarios individuales marcados con el nombre del donante y con el nombre dado por este al muerto, rodeados de dibujos y placas de agradecimiento por los "favores" recibidos y ofrendas, la continuidad y simetría de la relación entre el difunto y el adoptante

---

zados, como la "publicación del dolor". La organización, compuesta casi exclusivamente por mujeres, familiares de desaparecidos, contó con el apoyo del obispo del departamento, la ARC (Cruz Roja) y la alcaldía local. Hace tiempo que está desgarrada por fuertes diferencias internas entre quienes, apoyadas por la mayoría de las instituciones oficiales, consideran que más allá del duelo, la organización debe ahora "mirar hacia el futuro", dando a las celebraciones un carácter más cultural, y quienes quieren continuar reivindicando la memoria de las víctimas desaparecidas. Un gran número de activistas y simpatizantes "han elegido" a un muerto anónimo y lo cuidan ritualmente.

10. Notas de campo, 2018.

se apoyan en la regularidad de las oraciones, velas encendidas, flores y vasos de agua ofrecidos, unidas a largas "conversaciones" mantenidas con él y a solicitudes de ayuda. En respuesta, el alma del muerto "envía" sueños advirtiendo de peligros o crea situaciones que permiten evitarlos.

Para las almas de los difuntos, las ofrendas de los vivos "alivian las penas" de su entrada en el purgatorio y aceleran su "liberación" en el difícil camino hacia la *Gloria*, lugar "divino" de reunión de los santos y los buenos muertos. Pero en caso de incumplimiento de las promesas rituales, su ira puede recaer sobre el adoptante en forma de un grave infortunio.

Si bien en los pueblos del río Magdalena la práctica de los "cuidados" rituales de los muertos anónimos se suele transmitir de generación en generación, los muertos mismos no pueden heredarse. Con los saberes rituales transmitidos, cada individuo debe inaugurar su especial relación con uno de ellos, por el "bautismo" y por la ofrenda inaugural con la que se paga su entierro individualizado bajo el nombre elegido. Estos nombres rara vez son los de la familia del adoptante: en el momento de la "elección", los nombres, y a veces los apellidos, se imponen a todos "como soplados" en el momento o en sueños.

A veces sucede que un primer adoptante descubre, por la presencia de ofrendas, placas de agradecimiento o incluso de un nuevo nombre, que otro "cuida" también de "su" muerto. En estos casos, bastante frecuentes, se pondrá en la placa funeraria una combinación de los dos nombres y se financiarán conjuntamente las ofrendas y misas pagadas. Lejos de provocar un conflicto, se dice que "compartir" una persona muerta siendo sus co-nominadores, crea un vínculo de parentesco ritual basado en la confianza y en el intercambio de servicios entre los adoptantes, cuya ideología sigue la del compadrazgo tradicional.

La continuidad de la relación de adopción puede también dar lugar al desdoblamiento del espacio de anclaje de los difuntos "elegidos". Aunque sus restos hayan encontrado un hogar fijo en el cementerio, sus almas, a veces, serán invitadas a la casa del adoptante. La fotografía de la placa con su nuevo nombre, soporte de la nueva corporeidad y del alma de estos muertos sin rostro, ocupará su lugar en el altar personal al lado del santo de devoción especial y de las fotos de los allegados fallecidos. Esta familiarización ritual y espacial de las almas contribuye a la domesticación del mal muerto, integrándolo en el entorno de los muertos socializados y de las figuras de recurso santificadas.

El desdoblamiento ritual y espacial, a veces, puede afectar incluso a los restos corporales. Así, doña Marta Ángela C. posee una vértebra de un difunto anónimo, extraída de un nicho abierto. Colocada en el altar personal de su habitación, a los pies de su "santa de devoción especial", la señala y dice: "Ella me hace sentir aquí el olor de la tumba, y les digo a mis parientes muertos: 'Ustedes están conmigo, ustedes no están solos'".

El animero, portador de muertos anónimos

Don Hernán, el animero (responsable de las ánimas) de Puerto Berrío, es unánimemente considerado como poseedor de una particular capacidad de proximidad y diálogo con el conjunto de aproximadamente unos 160 muertos NN (no identificados) en el cementerio del pueblo. Este pescador que, durante décadas, sacó del río numerosos restos humanos que habían sido arrojados por múltiples grupos armados, se convirtió en animero impulsado por la particular gratitud que confiesa sentir hacia las almas errantes que lo habrían salvado del abandono de su madre, de su adicción a las drogas y, más tarde, de la violencia paramilitar. Lejos de "elegir" un muerto en particular, dice "orar por el eterno descanso de todas estas almas que están al borde del abismo infernal, arriesgándose a la condena eterna". Pero una vez al año, a partir del 2 de noviembre, después de la misa de difuntos en la iglesia del pueblo, hace más: durante 27 noches seguidas encabeza secuencias rituales jalonadas por procesiones que componen tres ciclos sucesivos de novenas pacientemente establecidas a lo largo de los años. Nada de sus *paraphernalia* rituales ha sido comprado: para él todo debe provenir de donaciones de los adoptantes y se supone que pertenece exclusivamente a las almas "como todo el cementerio". Así, el 2 de noviembre, después de haber rezado completa la novena de difuntos en el cementerio, ataviado con una capa negra con capucha que lleva la imagen de Cristo impresa en blanco en la parte delantera, ceñido con rosarios, una campana en una mano y un viejo libro de oraciones en la otra, sale a medianoche y recorre las calles de cada barrio seguido por muchos habitantes con una vela encendida en la mano. Allí "pasea" las almas de los muertos para que "conozcan el pueblo" y para que todos los vivos puedan "reconocerlos" y "pagarles sus favores" o solicitarlos rezando por ellas. Al término de una lenta pasada delante de cada casa del barrio, las vuelve a "acompañar" al cementerio algunas horas después, para volverlas a sacar la noche siguiente y llevarlas a otro barrio. Este ritual anual de familiarización de los muertos desconocidos, que han reaparecido gracias al río, se inscribe en el lenguaje ritual del culto a las "ánimas del purgatorio" del catolicismo consuetudinario; amplía la relación dual de adopción hacia un vínculo espacializado entre dos colectivos: el de las almas de los muertos desconocidos y el de la población.

Pero este ciclo ritual también posee otra dimensión relacional. En Puerto Berrío, varios nuevos grupos paramilitares vinculados al narcotráfico se enfrentan esporádicamente y ejercen un control intermitente sobre ciertos barrios, estableciendo lo que localmente se denomina "fronteras invisibles", bajo la forma de restricciones y control de paso, amenazas a líderes sociales y asesinatos selectivos. Estas "fronteras invisibles", conocidas y respetadas por todos en la vida cotidiana, mantienen el silencio, el miedo y la desconfianza, incluso dentro de las familias, frente a "informantes" vinculados a grupos armados rivales, contribuyendo así al debilitamiento de los lazos sociales y comunitarios.

En este contexto, la participación de una multitud de personas pertenecientes a todos los grupos sociales en la "procesión de las almas", recorriendo el espacio de la ciudad en las noches de noviembre, cruzando las "fronteras invisibles", crea nuevos vínculos sociales transversales entre los habitantes, vínculos cuyos ejes son los muertos anónimos y la "fuerza milagrosa" unánimemente reconocida de sus almas. Así, la agentividad de estas, anclaje de nuevos lazos entre los vivos, puede sustentar su sorda resistencia a la dinámica de la violencia.

Identificar o "bautizar": conflictos y compromisos en torno a los restos

Desde 2006, con la entrada en vigor de nuevas leyes relativas a las víctimas del conflicto armado y la introducción de la justicia transicional, seguidas del inicio de las negociaciones de paz entre el Gobierno colombiano y la guerrilla de las FARC, las exhumaciones y búsquedas de desaparecidos aumentaron bajo el control de la Fiscalía, que otorga un papel central a los servicios de medicina forense. Así, la utilización ritual de nichos y osarios en el cementerio de Puerto Berrío para la "elección" de restos humanos anónimos ha dado lugar a conflictos periódicos con representantes de la medicina forense y de la justicia transicional. Según estos funcionarios, la práctica de cubrir las placas de las tumbas con pintura de color borra el número de identificación del dosier asignado por la morgue y hace que los muertos pierdan su "trazabilidad", poniendo en peligro su exhumación e identificación forense. Tras varias amenazas de sanciones y respuestas virulentas de los adoptantes, los funcionarios han encontrado recientemente una solución de compromiso: el número de identificación se anilla ahora a uno de los huesos de los restos.

La existencia de esta pequeña placa de identificación enterrada no parece constituir un obstáculo para la adopción ritual inaugurada por el "bautismo" de los restos de un difunto: solo representa una potencialidad latente de identificación civil, dejando así los restos y el alma de los muertos al margen de su familia de origen, pero también de la práctica pericial de reorganización de los restos y del discurso político que instituye a los cadáveres como soportes memoriales para el duelo colectivo y de la prueba judicial. Por lo tanto, quedan disponibles para el establecimiento de una relación ritual fuera del registro del duelo y de la lógica de la identificación.

Sin embargo, esta práctica también puede generar tensiones con las familias que están buscando a sus desaparecidos, amparadas en las disposiciones de la justicia transicional dirigidas a la búsqueda de cadáveres como soporte de identificación y objeto de memoria, de duelo y de "reconciliación".

En el cementerio de Puerto Berrío, uno de los 160 muertos desconocidos, rescatado en 2001 y "elegido" por don Nelson G., comerciante, fue objeto, unos diez años después, de una solicitud familiar de exhumación e identificación. La hermana del difunto reclamó una prueba de ADN que demostró la identidad de su hermano. No obstante, al final de este proceso, la familia, que carece de medios y vive lejos, no se trasladó para retirar los restos. Por consiguiente, fue devuelto a su nicho funerario, que a partir de entonces lleva sus dos nombres.

Pero desde el traslado de los restos para el examen de ADN y su identificación, la relación de familiaridad ritual con su adoptante parece haberse enturbiado. Entrevistado en 2016, don Nelson habla de su dificultad para solicitarle ayuda. Según él, su alma "ha vuelto a su nombre de origen" ahora y "pertenece a su familia". La permanencia de sus restos en Puerto Berrío aún le permite "ayudarlo" a través de ofrendas y oraciones, pero sus "favores" y su agentividad ritual ya no están disponibles para el adoptante. Todo sucede pues como si, al igual que los santos del catolicismo popular, la condición de la transformación ritual de muertos en figuras de recurso ritual fuera su exterioridad a todo lazo familiar y al orden de parentesco consanguíneo.

En cuanto a la Iglesia, responsable ritual e institucional del espacio del cementerio, muchos representantes locales y nacionales no han dejado de expresar públicamente su desaprobación por las prácticas rituales informales de familiarización de los restos y las almas de los muertos anónimos, llegando incluso a sumarse, en ocasiones, a campañas municipales y judiciales para su prohibición. En esta región, tradicionalmente marcada por un ferviente pietismo eclesial (Cadavid Bringe, 1996), la tenaz desobediencia de los habitantes confirma la clásica observación de la autonomía ritual de la relación con los muertos frente a las religiones instituidas, pero también remite a su indispensable papel mediador

MATERIAS INESTABLES

como actores memoriales y políticos (Verdery, 1999) todoterreno, en los complejos procesos de transición social y política[11].

Sobre la corporeidad de las almas

En la quincena de relatos recogidos en Puerto Berrío, las reapariciones relatadas pueden ser anónimas o individualizadas. Los muertos reaparecidos se convierten así en soportes narrativos. Además, en todos los casos, estos aparecidos, ya sean espectrales u oníricos, son dotados por dichos relatos de una multiplicidad de corporeidades. Al estar ausentes y a la vez tener una presencia plural, las figuras oníricas o fantasmas diurnos de los muertos por violencia armada cuestionan la separación ordinaria entre ausencia y presencia, ya que desdibujan sus contornos por su estatus liminar. Esta disolución de los límites comúnmente establecidos entre la vida y la muerte puede analizarse como una de las propiedades antropológicas de la vivencia del posconflicto (Losonczy & Robin Acevedo, 2016).

A orillas del Magdalena, las apariciones fantasmales anónimas parecen estar ligadas a dos espacios: la corriente del río, y la parte del cementerio que alberga la fosa común de los indigentes y el espacio donde se depositan, antes de ser enterrados, los restos provenientes del río o de la morgue. Algunos vecinos que acuden al cementerio para visitar las tumbas de sus familiares, "elegir" restos de muertos anónimos recuperados, o "cuidar" el nicho funerario de algún pariente fallecido, cuentan haber visto figuras sin rostro y de color oscuro, flotando en la luz del atardecer. El animero y el sepulturero son considerados como "familiares", responsables de la relación del colectivo de los vivos con estas presencias fugaces. Sus oraciones periódicas, las velas encendidas y los vasos de agua depositados "para saciar la sed de su penitencia", marcan el suelo de este espacio. Señalan la recurrencia de estas apariciones, pero, sobre todo, se supone que las retienen allí. Al evocar este trabajo ritual exclusivamente suyo, sepulturero y animero se refieren ambos al peligro de "desbordamiento" de estos fantasmas hacia el espacio habitado del pueblo, que sería fuente de enfermedad y de desgracia para los habitantes.

---

11. En Puerto Berrío existe una pequeña minoría de seguidores de religiones evangélicas repartidas entre varias iglesias cuya posición doctrinal respecto al culto de los muertos y de los santos es de un intransigente rechazo. Dos mujeres entre mis interlocutoras me dijeron que ellas formaban parte de ese grupo, "asistiendo" a ciertos oficios y pagando "diezmos". Sin embargo, continúan, discretamente, "cuidando" a "sus" muertos, previamente elegidos.

El recorrido ritual nocturno por la ciudad que realizan estas almas, a partir del 2 de noviembre, Día de los Muertos, conducido por el animero, es el eje central de esta gestión espacial ritualizada de los aparecidos anónimos de la violencia. Prueba de ello es que muchos habitantes de las localidades vecinas evocan este recorrido ceremonial establecido desde hace unos quince años como una ofrenda colectiva de oraciones, de "compañía" y de espacio para las almas, muralla ritual contra su peligrosa y anárquica invasión del espacio habitado. Así, estos fantasmas anónimos aparecen como parcialmente domesticados por el colectivo local a través del trabajo ritual de los especialistas de las almas que los contienen en el tiempo y el espacio. Su actividad amplía la noción local habitual de "cuidar su muerto" con las de "pasearlos" y "acompañarlos". En este sentido, los habitantes consideran esta actividad como un "trabajo", al que debe responder, en contrapartida, la labor de distribución de protección y beneficios[12] asignada a los muertos.

Otros aparecidos –también siluetas flotantes sin rostro, pero descritos como de "color del agua", que se aparecen a pescadores, transportistas fluviales y bañistas solitarios a su regreso al final del día– despiden un fuerte olor a fango y a pescado. Se supone que su manifestación sobre las olas del río señala la proximidad de sus restos, atrapados en la vegetación del fondo. Asimismo, las zonas pantanosas del Magdalena, "el cementerio salvaje más grande de Colombia" en palabras del animero Hernán M., tienen fama de estar llenas de restos humanos que allí se acumularon durante las décadas del conflicto armado colombiano. Así, las barcas de los usuarios habituales del río llevan siempre una vela en un recipiente de vidrio, una estatuilla de la Virgen y un crucifijo que deben acompañar las oraciones destinadas a "aliviar el dolor" de las almas anónimas aparecidas. Muchos ribereños se refieren a ellas como "almas viejas que ya son del río". A falta de encontrar y enterrar sus restos hundidos en las aguas profundas, su corporeidad, único rastro de su identidad humana, se

---

12. Numerosas encuestas etnográficas realizadas en multitud de regiones rurales y urbanas y muchos entornos étnicos en América Latina (pero también en otros lugares) atestiguan la polisemia de las representaciones y discursos locales en torno a la noción de trabajo. Más allá de designar actividades vinculadas a la reproducción o la innovación económicas, esta noción se refiere a muchas actividades sociales y simbólicas y, en particular, a aquellas que tienen como objetivo preparar y realizar rituales o resolver conflictos internos. En bastantes casos, esta noción también abarca actividades que una corriente reciente de la antropología designa con la noción de *care* ("cuidar"), apuntando a preservar, reparar o mantener, más allá de la salud de personas o grupos, objetos, prácticas o relaciones entre humanos y no-humanos cultural y socialmente significativos.

reduce a estas siluetas fugitivas, del color del agua y hediendo a pescado: corporeidad ya naturalizada por el río.

Un punto común entre estas apariciones es la percepción sensorial que se tiene de ellas a través de colores y olores, marcadores de esta corporeidad. Otro es la mudez de esa misma corporeidad. En efecto, estos aparecidos se manifiestan sin voz: en sus encuentros con los vivos, solo estos últimos usan la palabra. Esta únicamente puede ser del orden formalizado de la plegaria: si bien ella protege a los vivos del peligro de la desgracia esparcida por los malmuertos, ninguna petición personal o colectiva puede ser en cambio respondida por estos, excepto por los malmuertos del cementerio, que "oyen" a los vivos durante el recorrido ritual por las calles de la ciudad el 2 de noviembre. Por lo tanto, todo sucede como si la posibilidad de reciprocidad en el intercambio de favores con estas almas estuviera ligada a una apertura puntual, ritualmente dispuesta, del espacio colectivo de los vivos.

En estos relatos de apariciones, la naturaleza corporal de las almas anónimas de los muertos por violencia armada, al no haber sido familiarizadas ritualmente, parece depender en gran medida de los elementos naturales que caracterizan los espacios de su aparición: su consistencia, color y olor parecen prestados del medio natural en una especie de ósmosis parcial. Pero al mismo tiempo, su lugar de manifestación queda ligado al de sus restos. Este anclaje espacial revela el arraigo de las corporeidades espectrales en la de los restos de su cadáver.

En cuanto a ciertas almas de muertos cuyos restos anónimos llegan desde las morgues al cementerio, varios relatos informan acerca de su modo de manifestación a quienes visitan el lugar, en su mayoría mujeres. Doña Rosalba P. cuenta que una tarde muy calurosa, justo antes de "elegir a su muerto", estaba visitando la tumba de sus padres con sus hermanas. De repente, sintieron que las envolvía "una neblina de frío y olor a tumba", acompañada de suspiros y gemidos. Aunque para las tres esta percepción remite a la presencia de almas anónimas de malmuertos que "buscan compañía", solo doña Rosalba respondió a esta "petición" de un alma para ser "elegida". Ella, al igual que muchos adoptantes, relata que más tarde, el día en que se encontraba en el cementerio frente a los restos recientemente sacados del río, escuchó "en un suspiro" el apellido y el nombre, ambos desconocidos entonces para ella, que hizo inscribir en la placa funeraria de "su" difunto. "Es así como supe que era un hombre", dice hoy.

Sueños, reciprocidad y la transferencia supralocal del duelo

Estos modos de apariciones de muertos anónimos en el cementerio, contados por muchos adoptantes, muestran una corporeidad hecha más de percepciones sensoriales que de visibilidad. Estas percepciones se interpretan como llamadas personalizadas emitidas por un alma, con el fin de ser "elegida". Esta figura de corporeidad, más comunicativa, pretende invitar a un vivo a establecer una relación dual ritualizada de intercambio de beneficios, a través del entierro de los restos y del acto de nominación. Permite, a quienes relatan haber vivido esta experiencia, concebir el acto fundacional de la "elección" de los restos como producto de una elección mutua.

Una vez establecida la relación, los muertos elegidos pueden entrar en el espacio doméstico de los adoptantes e incluso marcar, con su presencia, su espacio onírico (Cecconi, 2012). Pero aquí su modo de aparición es muy a menudo indirecto: sin ofrecerse a la vista, "cuchichean" consejos o "envían" sueños premonitorios que advierten de peligros o señalan "oportunidades". De esta forma, el anclaje de sus restos en el cementerio y el de sus almas en el nombre que se les ha dado, al igual que la continuidad de ofrendas rituales y ruegos, parecen reducir a menudo su corporeidad en el espacio doméstico a lo que doña María Ángela R. llama "soplos de ensueño".

Algunos relatos también dan acceso a una faceta más íntima de los muertos adoptados que, más allá de un simple intercambio de beneficios que oblitera el luto, está vinculada con la reconexión del registro del duelo (Guillou & Vignato, 2012) en una modalidad particular apoyada en el espacio onírico. En efecto, si estos muertos se muestran muy raramente en el espacio onírico de los adoptantes, algunos reconocen en "su" muerto la capacidad de ser un médium onírico: la capacidad de hacer aparecer allí a familiares desaparecidos cuyos restos nunca fueron encontrados. Así, al igual que otros familiares de víctimas, doña María Carmen B., cuyo hijo menor desapareció en 2002, eligió a un muerto al que le puso el nombre de este último. Ella lo "cuida" sin solicitar sus beneficios. Después de los primeros sueños al día siguiente de su desaparición, en los que su hijo se le aparecía tal como estaba antes, llevando los mismos objetos y ropas, pero desgarradas y manchadas de tierra y sangre, consideró su ausencia onírica como si esta completara y agravara su desaparición. La relación establecida con "su muerto" le permitió volver a ver en sueños a su hijo, que hacía mucho tiempo que no la "visitaba" a pesar de haber guardado su ropa, algo que violentaba la tradición funeraria local que consideraba que la ropa del difunto podía "atraerlo" de vuelta al hogar.

A diferencia de lo que ocurre en otros lugares de muerte violenta (Delacroix, 2018), ninguno de los relatos recogidos en Puerto Berrío atribuye a estos fantasmas familiares, movidos por el muerto anónimo "elegido" a aparecer en sueños, palabras que inciten a sus allegados a buscar sus restos. Aunque a menudo dicen frases como "no estoy muy lejos" sin mayor precisión, su demanda –si la hay– se relaciona con la ofrenda de oraciones, de "luz" (vela encendida) o de agua bendita ("tengo sed") delante de su foto en el altar doméstico de la casa. No obstante, el relato de doña María Carmen, al igual que el de una esposa, de una hermana y de una hija de desaparecido, refiriéndose a estas "elecciones" de muertos anónimos como soportes sustitutivos del duelo de un ser querido, da cuenta, con el paso del tiempo, de reapariciones oníricas de este último, tranquilizando a su pariente sobre su destino *post mortem*: "Se ocupan de mí, no te preocupes". Según los familiares de desaparecidos, tras haber dado el nombre de su ser querido a un difunto anónimo, el regreso en sueños del familiar desaparecido y sus palabras oníricas significaron para ellos el primer signo de "sosiego" y el primer "descanso" desde el momento de su desaparición.

Estos sueños construyen una nueva figura de duelo llevada por una relación de reciprocidad entre dolientes desconocidos, cada uno cuidando ritualmente al allegado de otro. Así, esta modalidad ritualizada de relación con un muerto anónimo se basa en una representación subyacente que acepta la movilidad de los muertos esparcidos de la violencia y autoriza la circulación del cuidado ritual de sus restos y de su alma. Sin embargo, el objetivo de dicha modalidad relacional no es hacer surgir una figura santificada a la que recurrir, sino materializar un soporte sustitutivo que permita la reconexión del registro del duelo. Traza la figura innovadora de un duelo difuso, suprafamiliar, desterritorializado y móvil, fundamento de una red virtual de reciprocidad entre dolientes desconocidos, figura íntimamente ligada a la violencia armada masiva.

Asimismo, esta representación va en contra de la lógica del proceso programado de exhumación-identificación en cuanto no sitúa el duelo en el marco estricto de una pertenencia familiar y de una identificación pericial. Antes al contrario, permite que se disemine y se fragmente en una lógica supralocal que evita el requisito de la identificación.

Acerca de la vida social de los restos: a modo de conclusión

El examen de los relatos en torno a distintas categorías de aparecidos del conflicto armado, recogidos en Puerto Berrío, los presenta como objetos culturales "pasarelas" que conectan dos lógicas de gestión de la existencia *post mortem* de los muertos por la violencia armada: la de la exhumación-identificación y la de la "elección" de desconocidos. Es posible interpretarlas como dos formas diferentes de organizar el caos a través de la introducción de protocolos. La local da lugar a la creación de nuevas figuras de recurso benéficas, a la vez que hace surgir la representación inédita de un tipo de duelo, como intercambio supralocal de cuidados rituales de restos humanos anónimos. En efecto, ya sea que narren la aparición de fantasmas de muertos anónimos en el cementerio o en sueños, o la llegada al espacio onírico de familiares desaparecidos, los relatos activan un idioma mortuorio, centrado en la agentividad positiva de las almas de los muertos, que, articulado sobre los conflictos memoriales locales latentes, permite evitar un discurso politizado que atribuya responsabilidades explícitas. Este pacto implícito de silencio, alimentado por el miedo y la desconfianza vinculados a la persistente proximidad de actores armados, solo se rompe en momentos de embriaguez o ira aguda o en torno a conflictos sobre la propiedad de la tierra.

Este idioma está muy alejado del lenguaje compasivo y psicologizante centrado en el dolor superado por el duelo como fermento de la reconciliación, lenguaje promovido por los actores de la justicia transicional. Al igual que en otros contextos de posconflicto (Lefranc, 2013; Duterme, 2016), el abordaje del pasado de violencia que transmiten las políticas públicas colombianas, inspiradas en el modelo de justicia transicional, privilegia el registro compasivo de víctima que silencia la ira y desalienta una lectura oposicional del posconflicto.

Asimismo, los relatos de aparecidos tampoco encajan en el patrón de la reconciliación y de la reparación difundido por muchas instituciones y ONG locales e internacionales. En efecto, según el análisis de D. Delacroix relativo al Perú (2018), el retorno de las almas de los muertos aparece a los actores políticos de la paz como un elemento folclórico y arcaico, portador de una especie de "luto malo" interminable. Según explica Delacroix (2018), tanto si se les culpa de alimentar una memoria conflictiva como de prolongar una repetición perjudicial para la salud psicológica, las historias de aparecidos tienen fama en círculos políticos y periciales de ralentizar la reconciliación.

La lógica compasiva de la justicia transicional, que representa las exhumaciones-identificaciones-restituciones como soportes de un "buen duelo", base de la reconciliación política, y la lógica popular de la domesticación multiforme de los mal muertos por la violencia de masas se basan, pues, en dos concepciones diferentes de los restos corporales, del componente inmaterial de la persona y de sus vínculos adecuados con la sociedad y el espacio de los vivos. Mientras que la función articuladora de un nombre propio constituye un punto de convergencia entre ambas, estas presentan una divergencia en el significado del nombre en su relación con la persona social y su temporalidad vital.

Para la secuencia exhumación-identificación, el reto del nombre radica en su restitución a los restos corporales para vincularlos a su estatus genealógico e identidad *ante mortem*, inscribiéndolos en una filiación biológica. En cambio, la adopción de restos anónimos, que construye una relación de filiación ritual entre el vivo y el muerto a través de la inhumación individualizada y el renombramiento de los restos, crea una nueva identidad y una nueva biografía *post mortem*, fuera de la genealogía, que recuerda a las de los santos, ya que el nombre asignado funciona como puente entre los restos y el alma del difunto, a la vez que como dispositivo para su fijación. Si bien el procedimiento forense y judicial de exhumación alimenta el desplazamiento y el posterior regreso de los restos, la adopción popular de restos anónimos aparece en cambio como una estrategia encaminada a frenar la deslocalización y la circulación de cadáveres y almas producto de la violencia armada. Esta movilidad, que desdibuja los límites consensuados entre presencia y ausencia y entre lugares de vida y lugares destinados a los muertos, es contraria a la lógica del anclaje de los "buenos muertos" mediante los rituales funerarios. Además aparece como una propiedad antropológica de las situaciones de violencias masivas, que se prolonga de forma jurídica y pericial durante el posconflicto a través de las exhumaciones-identificaciones.

Pero la estrategia de "elegir" muertos anónimos, con vistas a su transformación en figuras de recurso santificadas o en soportes sustitutivos del duelo, cuestiona también la tendencia a biologizar las memorias e identidades de los muertos de la violencia armada (Gatti, 2014), inducida por los métodos forenses del tratamiento de los cadáveres.

El trabajo ritual de construcción de un campo de intercambio entre los muertos anónimos y los vivos conduce a la paradójica creación de un régimen informal de "contramemoria" popular de la violencia. La paradoja de esta memoria es que se constituye sacando a los muertos de toda cronología y desdibujando a la vez tanto su identidad genealógica como su posición política. Pese a que son sustraídos al olvido y a la obliteración por el proceso ritual, es al margen de un régimen de temporalidad supralocal teleológica que los integraría en un relato histórico. Este régimen popular de la rememoración tiende a convertir en atemporal y ahistórica la violencia armada infligida y sufrida al ritualizarla como fuente póstuma de potencia benéfica donadora y protectora. La labor ritual de santificación de ciertos muertos permite el surgimiento de este régimen colectivo de la memoria al descentrar la experiencia directa de la violencia y del duelo. No obstante, este descentramiento, condición necesaria para poder convertir la violencia en fuente de eficacia ritual *post mortem* y en anclaje de una memoria suprafamiliar, difumina la atribución explícita de responsabilidades. Pero también da forma indirecta a un componente importante de la cultura política popular: la ambivalencia y, a menudo, la desconfianza hacia el Estado y las políticas institucionales.

Referencias bibliográficas

Anstett, É. & Dreyfus, J.-M. (Eds.) (2012). *Cadavres impensables, cadavres impensés. Approches méthodologiques du traitement des corps dans les violences de masse et les génocides*. París, Pétra [edición en castellano: *Cadáveres impensables, cadáveres impensados. El tratamiento de los cuerpos en las violencias de masa y los genocidios*, Buenos Aires, Miño y Dávila editores, 2013].

Aranguren Romero, J. P. (2019). De la passion pour les os à la douleur des autres. La gestion émotionnelle de la disparition forcée chez les professionnels de l'anthropologie médico-légale. Bogotá, Conferencias IFEA, noviembre.

Cadavid Bringe, A. (1996). *Magdalena Medio: una región que se construye por el río. Diagnóstico Propositivo*. Medellín, Programa de Desarrollo y Paz en el Magdalena Medio.

Calavia Saez, O. (1996). *Fantasmas falados. Mitos y mortos no campo religioso brasileiro*. Campinas, Unicamp.

Claverie, E. (2011). Réapparaître. Retrouver les corps des personnes disparues pendant la guerre en Bosnie. *Raisons Politiques*, 1 (41), 13-31.

Cecconi, A. (2012). *I Sogni vengono da fuori. Esplorazioni sulla notte nelle Ande Peruviane*. Florencia, Editpress.

Christinat, J.-L. (1989). *Des parrains pour la vie. Parenté rituelle dans une communauté des Andes péruviennes*. París, Éditions de la Maison des sciences de l'Homme.

Daas, V. & Han, C. (eds.) (2015). *Living and Dying in the Contemporary World. A Compendium*. Los Ángeles, University of California Press.

Delacroix, D. (2018). Le bal des âmes. Postérité de la mort de masse en contexte péruvien. *Terrain* (en línea) sección *"Terrains"*. DOI: 10.4000/terrain.16819.

Delaplace, G. (2008). *L'Invention des morts. Sépultures, fantômes et photographie en Mongolie contemporaine*. París, Centre d'études mongoles et sibériennes/École pratique des hautes études.

Duterme, C. (2016). Honorer, commémorer, dédommager. État et société civile face aux victimes du conflit armé interne dans la région Ixil (Guatemala), *en* A.-M. Losonczy & V. Robin Azevedo. (Eds.). *Retour des corps, parcours des âmes. Exhumations et deuils collectifs dans le monde hispanique* (101-125). París, Pétra.

Fassin, D. & Rechtman, R. (2007). *L'Empire du traumatisme. Enquête sur la condition de victime*. París, Flammarion.

Ferrándiz, F. (2014). *El pasado bajo tierra. Exhumaciones contemporáneas de la Guerra Civil.* Barcelona, Anthropos Editorial.

Garabian, S. (2016). *La Mort du bourreau. Réflexions interdisciplinaires sur le cadavre des criminels de masse.* París, Pétra [edición en castellano: *La muerte del verdugo. Reflexiones interdisciplinarias sobre el cadáver de los criminales de masa*, Buenos Aires, Miño y Dávila editores, 2016].

Gatti, G. (2014). Cuando la sangre (de las víctimas) gobierna la memoria. Sección Réagir. https://memorywf.hypotheses.org/files/2015/02/Cuando-la-sangre-de-las-víctimas-gobierna-la-memoria1.pdf

Guillou, A. Y. & Vignato, S. (2012). Introduction. *Southeast Asia Reserch*, Edición especial "Life after collective death in Southeast Asia part 1. The refabrication of social bords", 20 (2), 371-379. DOI: 10.5367/sear.2012.0106.

Kwon, H. (2008). *Ghosts of War in Vietnam.* Cambridge, Cambridge University Press.

Lefranc, S. (2013). Un tribunal des larmes. La Commission sudafricaine "Vérité et Réconciliation". *La Vie des idées.* http://www.laviedesidees.fr/Un-tribunal-des-larmes.html (último acceso, agosto 2018)

Losonczy, A.-M. (1990). Le deuil de soi. Corps, ombre et mort chez les Afro-Colombiens du Chocó. *Cahiers de littérature orale* (27), 113-136.

Losonczy, A.-M. (1998). La mémoire entre le religieux et le politique : sanctification populaire des morts dans les cimetières urbains colombiens. *Religiologiques,* número especial coordinado por C. Rivière.

Losonczy, A.-M. (2003). Violence sociale et ritualisation de la mort et du deuil en Colombie. *Autrepart,* 26 (2), 87-199.

Losonczy, A.-M. & Robin Azevedo, V. (2016). Introduction, *en* A.-M. Losonczy & V. Robin Azevedo (Eds.). *Retours des corps, parcours des âmes. Exhumations et deuils collectifs dans le monde hispanophone* (7-20). París, Pétra.

Robin Azevedo, V. (2016). Rendre leur dignité aux disparus de la guerre? Exhumations, justice réparatrice et politiques de la compassion au Pérou, *en* A.-M. Losonczy & V. Robin Azevedo (Eds.). *Retours des corps, parcours des* âmes. *Exhumations et deuils collectifs dans le monde hispanophone* (75-99). París, Pétra.

Rodríguez Camacho, J. D. (2015). Puerto Berrío: entre un cementerio de agua y una creciente de lágrimas. Dimensiones sociales, políticas y culturales de las prácticas funerarias en el conflicto armado. Trabajo de *magister en estudios culturales.* Bogotá, Universidad Nacional de Colombia.

Sorrentino, P. (2018). *À l'épreuve de la possession. Chronique d'une innovation rituelle dans le Vietnam contemporain.* Nanterre, Société d'ethnologie.

Taussig, M. (1984). Culture of terror-space of death. Roger Casement's Putumayo report of the explanation of torture. *Comparative Studies in Society and History*, 26 (3), 467-497.

Uribe, M. V. (2008). Mata que Dios perdona. Gestos de humanización en medio de la inhumanidad que circunda a Colombia, *en* V. Das (Ed.). *Sujetos de dolor, agentes de dignidad* (171-192). Bogotá, Ed. Francisco A. Ortega.

Verdery, K. (1999). *The Political Lives of Dead Bodies. Reburial and Postsocialist Change.* Nueva York, Columbia University Press.

CAPÍTULO 3

El "cuerpo colectivo" y los cuerpos individuales.
Actores, espacios y temporalidades de las exhumaciones: el ejemplo de los 545 "asesinados por el franquismo" (Huesca)

Anélie Prudor

La guerra de España (1936-1939) terminó con la victoria de las tropas del general Franco y el advenimiento de una larga dictadura de 36 años. A la muerte del dictador (el 20 de noviembre de 1975), la transición democrática, en parte arraigada en la aprobación de una ley de amnistía en 1977, cerró el período de la dictadura con lo que ahora se llama el "pacto del silencio". Aunque en aquel momento[1] se inició un primer ciclo de exhumaciones, este terminó prematuramente, tras el intento de golpe de Estado liderado por el teniente coronel Antonio Tejero el 23 de febrero de 1981. Asimismo, en las décadas siguientes, la ausencia de una "justicia transicional"[2], o de una comisión del tipo de "verdad y reconciliación"[3], dejó heridas abiertas y puso un velo sobre las numerosas fosas comunes que salpican el territorio.

No fue hasta los años 2000 que resurgió el deseo de exhumar los restos, dando lugar, a su vez, a la emergencia del movimiento por la "recuperación de la memoria histórica"[4]. Este, puesto en marcha por la "generación de los nietos" (descendientes de los contemporáneos de la guerra civil y la dictadura), se manifestó mediante la creación de

---

1. Durante estos años, un primer ciclo de exhumaciones fue realizado por familias deseosas de recuperar los cuerpos de sus antepasados. Acerca de este tema, véanse los trabajos de Aguilar Fernández (2018; 2019) y de Kerangat (2017).

2. Sobre esta temática, remítase a las obras de Sandrine Lefranc (2007 y 2008, entre otras).

3. A diferencia de lo que se hizo, por ejemplo, en Argentina (1983), en Chile (1990), en Sudáfrica (1995), en Perú (2000), etc.

4. Movimiento impulsado por Emilio Silva, periodista en busca de los huesos de su abuelo; tras la exhumación de Priaranza del Bierzo (Castilla y León) en octubre 2000, fundó la Asociación para la Recuperación de la Memoria Histórica.

asociaciones a niveles local y nacional. Si la apertura de fosas no constituye un medio de acción privilegiado para muchas de ellas, algunas lo están convirtiendo, desde hace algún tiempo, en un reto central. En efecto, a medida que pasa el tiempo y desaparecen los últimos testigos directos, aumentan las incertidumbres sobre el porvenir de los cuerpos y la ubicación de los lugares de sepultura[5].

Es en este contexto cuando, el 12 de julio de 2017, el Círculo Republicano Manolín Abad de Huesca (CRMAHU, o Círculo), asociación memorial de la ciudad de Huesca (Aragón), difunde un vídeo cuyo objetivo es destacar la organización de su primera exhumación (15 de julio) y solicitar el apoyo económico de sus simpatizantes[6]. Muchos habitantes de Huesca conocen la existencia de estas fosas; algunos, incluso, saben su ubicación exacta a pesar del silencio que las ha rodeado desde hace 80 años. Así, varios de los familiares de los "asesinados" me dicen que conocen los lugares de inhumación de sus antepasados, transmitidos en el secreto de las familias con más o menos certeza. A veces, describen las ofrendas secretas de flores y los recogimientos que han podido tener lugar en estos espacios desprovistos de cualquier señalización. Otros, en cambio, admiten haberlos descubierto gracias a los trabajos de los voluntarios del Círculo. Así, la labor desarrollada por activistas de la asociación durante muchos años ha contribuido a la difusión de informaciones relativas a la existencia de lugares de ejecuciones sumarias en la ciudad. En 2014, la inauguración de un monumento memorial se convirtió en un medio de reconocimiento de estos acontecimientos en el espacio público.

---

5. Generado por el silencio impuesto, pero sobre todo por los posibles traslados de los cuerpos al Valle de los Caídos (oficialmente nombrado Valle de Cuelgamuros después de la aprobación de la "Ley 20/2022, de 19 de octubre, de Memoria Democrática"), conjunto monumental nacional-católico, inaugurado en 1959, donde estuvo sepultado Franco hasta el 24 de octubre de 2019 (fecha de su exhumación e inhumación en el cementerio de Mingorrubio, El Pardo). Los osarios contienen los restos de más de 33.000 personas, incluido un gran número de republicanos, sacados de fosas comunes. Sobre la construcción de este lugar, véase Moreno Garrido (2010). Sobre las controversias que la rodean, consúltese Ferrándiz Martín (2011).

6. Presenta a los protagonistas del proyecto y reinscribe esta "excavación" dentro de la cronología de las acciones realizadas por el Círculo. Véase el vídeo subido el 13 de julio de 2017 en <https://republicahuesca.blogspot.com/>, blog del CRMAHU (CRMAHU, 2017).

A través del análisis de materiales etnográficos recolectados en trabajos de campo desde diciembre de 2012 hasta abril de 2018[7], mi intención es cuestionar este proceso de exhumación de las memorias en sus diversas fases, entre retorno del recuerdo, sustitución de los cuerpos, y acto de excavación. Los sustitutos, entendidos como figuraciones y reemplazos, "establecen un puente y una continuidad entre el cuerpo ausente y el mundo que reconecta principalmente las relaciones entre muertos y vivos" (Robin Azevedo, 2015, p. 93). Al considerar el verbo exhumar en su sentido más figurativo de "'sacar del olvido' [o incluso de] 'reanimar, resucitar' (*exhumar recuerdos*)" (Rey, 1998, p. 1363), propongo centrarme en las contribuciones de los distintos actores y en sus imbricaciones en el transcurso del tiempo. Si

> ...las exhumaciones inducen, de hecho, una reconfiguración de los modos de acción rituales y culturales –adaptados o incluso reinventados, a menudo, en la urgencia de nuevas circunstancias– y de respuestas socioculturales inéditas en términos de elaboración colectiva del duelo (Robin Azevedo, 2015, p. 77),

> ...parece que en el caso que aquí se presenta, las acciones memoriales previas a la excavación podrían haber producido un marco de responsabilización colectiva de los muertos, que se actualizó en el momento de las primeras excavaciones.

Tanto en el tiempo como en el espacio, los sustitutos de la ausencia de cuerpos, construidos por los activistas de la asociación y por las familias, que a menudo son exteriores a esta, permiten interrogar las modalidades del retorno de los fusilados a sus diferentes esferas de pertenencia. Las dos primeras excavaciones, en julio y luego en noviembre de 2017, arrojan luz sobre el compromiso de los militantes, su adaptación a las cuestiones que surgen del trabajo de exhumación y, de este modo, el entrecruzamiento de los diferentes tipos de retornos establecidos previamente.

"545 nombres". Combatir el silencio, la eliminación y el olvido

El levantamiento militar del 18 de julio de 1936 contra el gobierno de la Segunda República española (1931-1939) fue seguido por la guarnición de Huesca, ciudad que en ese momento tenía 16.000 habitantes. A partir de entonces se suceden detenciones, juicios y ejecuciones. Los

---

7. Estas investigaciones de campo pudieron llevarse a cabo gracias a la condición de miembro científico de la Casa de Velázquez (EHEHI) desde 2017 hasta 2019. La traducción al español y la revisión de esta contribución han sido financiadas por la ANR "Transfunéraire" (ANR 19-CE27-0022) y el laboratorio ADES (Aix-Marseille Université, CNRS, EFS, ADES, Marseille, France).

movimientos de la línea de frente que rodea la ciudad determinan los dos principales lugares de ejecución e inhumación. Entre el 19 de julio y el 29 de agosto de 1936, las fosas se ubicaron en el cementerio exterior, "El Católico" (hoy cementerio municipal). La situación caótica de los días 30 y 31 de agosto como consecuencia de los combates no permite proporcionar información sobre los lugares de ejecución. Posteriormente, estos tuvieron lugar en el antiguo cementerio Las Mártires[8], entre el 2 de septiembre de 1936 y el 13 de abril de 1938 y, luego, a la caída de Aragón y hasta el 23 de enero de 1945, de nuevo en el cementerio municipal.

Los archivos contienen informaciones sobre los juicios militares de este período. Si la pena de muerte podía ser pronunciada oficialmente, también sucedía que el condenado fuera, finalmente, "puesto en libertad". Pero esta sentencia era, a menudo, un eufemismo cómodo, usado para disimular una ejecución. Los cuerpos de los "puestos en libertad" eran entonces atendidos por la Cruz Roja, que inscribía los certificados de defunción en los registros. Es posible investigar, brevemente, las trayectorias *ante* y *post mortem* de estos hombres y mujeres a partir de la documentación conservada por distintas instituciones (militares, judiciales, religiosas y civiles). En 1992 se publicaron las primeras investigaciones realizadas a nivel regional en un libro en cuyo apéndice se enumeran los "asesinados"[9] en Aragón entre 1936 y 1946 (Casanova Ruiz, Cenarro, Cifuentes, Maluenda, & Salomón Chéliz, 1999 [1992]).

Catorce años después, en 2006, se dio un nuevo paso con la creación del CRMAHU[10]. Aunque la mayoría de sus militantes no conocieron la guerra ni los primeros años de la dictadura, decidieron no sólo dedicarse a la vertiente de la memoria[11], sino también a centrar su atención en demandas sociales y políticas más actuales, a imagen de su compromiso con una Tercera República. Entre los objetivos trazados está la "recuper[ación] de la dignidad [… de los] mártires asesinados con iniquidad, entonces,

---

8. En referencia a una ermita dedicada a dos mártires católicas, Nunilo y Alodia, decapitadas en Huesca en el siglo IX.

9. Término utilizado por los autores.

10. Círculo Republicano Manolín Abad de Huesca. Manolín (Manuel) Abad y sus hombres participaron en un intento de sublevación contra el gobierno de Narváez (reinado de Isabel II), en octubre de 1848. Tomaron varias localidades antes de ser apresados y fusilados en Huesca; allí, desde 1885, un monolito les rinde homenaje en el cementerio de Las Mártires (Lambán Montañés, 2001).

11. Por medio de las conmemoraciones de varios hechos significativos del republicanismo: proclamación de Iª Primera República el 11 de febrero de 1873; intento de establecimiento de una república en diciembre de 1930 (Sublevación de Jaca, 12 de diciembre); Segunda República el 14 de abril de 1931; etc.

y con el olvido, después" (CRMAHU, *Manifiesto Fundacional*, 13 de diciembre de 2006). Dejando entender que la reaparición de los muertos se integra plenamente en un regreso, mucho más amplio, de la memoria, inician un proceso de investigación destinado a completar el inventario de la primera obra. Los documentos recopilados y las entrevistas con testigos y descendientes les permiten establecer una nueva lista.

Los apellidos son revelados, en un principio confidencialmente, mediante su publicación en el blog de la asociación, el 23 de diciembre de 2007[12]. Pero, para remediar el "segundo asesinato" que representa, a sus ojos, el olvido, planean un proyecto de mayor envergadura:

> ...conseguir que este solar [...un espacio baldío junto al cementerio de Las Mártires] donde yacen un número indeterminado de republicanos, se convierta en un parque llamado de Mártires de la Libertad. (CRMAHU, *Manifiesto Fundacional*, 13 de diciembre de 2006)

Tras varios años de negociación, el Ayuntamiento de Huesca[13], el Círculo y la sección de "memoria histórica" de la CNT-Huesca[14], llegaron a un acuerdo sobre un proyecto de monumento que se integraría en una remodelación más amplia del cerro de Las Mártires. Este se convirtió en el "Parque Mártires de la libertad"[15] y vio la instalación de infraestructuras deportivas y paisajísticas, la renovación del antiguo cementerio o incluso la construcción del Memorial 545.

Este espacio fue inaugurado en dos tiempos: el primero, oficial, el 12 de diciembre de 2014, por el municipio y el Círculo; el segundo, dos días después, por el Círculo y la CNT. Este reunió a más de 500 participantes, franceses y españoles, agrupados bajo muchas banderas (comunistas, anarquistas, republicanas, etc.). Recorrieron algunos célebres lugares de memoria(s) republicana(s) de la ciudad: homenaje a los dos capitanes de la Sublevación de Jaca[16], visita del cementerio de Las Mártires, etc.

---

12. Aparecieron en <https://republicahuesca.org>, antiguo blog del CRMAHU, actualmente inactivo. Consultado el 20 de enero de 2019.

13. Socialista (PSOE) al inicio del proyecto y hasta las elecciones de 2011, derechista (PP) durante su ejecución, el municipio vuelve a tener mayoría PSOE desde 2015.

14. Las relaciones entre los diferentes grupos de memoria, no analizadas aquí, arrojan luz sobre los despliegues, desarrollos y (re)configuraciones de memorias a escala de esta ciudad.

15. Estos debates se han centrado en la feminización (en referencia a la ermita) o no del término "mártires", así como en la adscripción del término "libertad".

16. Intento de instaurar una república, el 12 de diciembre de 1930, impulsado desde la pirenaica aldea de Jaca, cuyos dos capitanes fueron juzgados y fusilados en

Durante la inauguración-homenaje del monumento, los discursos de los representantes de la CNT, del CRMAHU y de las familias estuvieron acompañados por numerosos "Viva la CNT y Viva la Revolución Social" o "Viva la República". También se descubrió el panel explicativo colocado por la CNT[17]: "En recuerdo de todos los antifascistas [...] para que su vida, lucha y ejemplo no caigan en el olvido". Se dibuja un linaje del compromiso más allá de las épocas y más allá de las distinciones (incluso las tensiones) pasadas y presentes entre las diferentes tendencias políticas y sindicales representadas.

Toda la ceremonia participa de la (re)inscripción de los muertos en grupos de afiliación política y sindical, y contribuye a la (re)integración de los cuerpos ausentes en un colectivo cuyos compromisos van más allá de los límites cronológicos de la guerra[18]. Las ideas defendidas por los movimientos políticos y ciudadanos del siglo XIX atraviesan todo el siglo XX para encontrar continuadores en el presente: los mismos que proponen esta "filiación invertida" (Lenclud, 1987). Los militantes de la memoria se incluyen en una genealogía y una familia de compromisos, unidos en torno a valores heredados, promoviendo la individualización de los muertos y el reconocimiento del sufrimiento padecido por sus familiares. Y es este conjunto el que entra en juego en un proceso de exhumación en sentido amplio, realizado hasta entonces sin la búsqueda los cuerpos.

El homenaje finaliza con la lectura por parte de 48 personas, hijos, nietos y bisnietos de los "asesinados", de los 545 nombres. La integración de sus apellidos –oralmente y, de forma más permanente, grabados en placas de acero– en el espacio de la ciudad, marca el fin de un ciclo de ocultamiento que afecta tanto a la existencia de los desaparecidos como al sufrimiento de sus allegados. Se ponen de relieve los lazos familiares de cada uno de los muertos: sus descendientes toman la palabra tras 80 años de silencios o de transmisiones en voz baja.

Huesca (Azpíroz Pascual & Elboj Broto, 1985). El 14 de diciembre de 2012, activistas del CRMAHU inauguraron un "muro conmemorativo". La concordancia de las fechas, causado por el retraso en las obras del Memorial, encanta a los militantes. La superposición de aniversarios y espacios memoriales a nivel de esta ciudad no puede ser abordada aquí, pero los datos recogidos permitirán hacerlo próximamente.

17. Otro, firmado por la municipalidad y el CRAMHU fue descubierto durante la primera celebración.

18. Esta práctica es en parte similar a las implementadas por la Federación Estatal de Foros por la Memoria en el contexto de la excavación de fosas comunes, sin que el Círculo esté a pesar de lo vinculado a ella (Smaoui, 2014).

Valérie Robin Azevedo destaca la "puesta en orden" en la que participan los expertos forenses durante la apertura de fosas comunes,

mediante la entrega oficial de una identidad finalmente encontrada en el caso de los desaparecidos. Estos últimos encuentran un lugar en la sociedad ya que vuelven a ser seres individualizados. [...] Este acto de dar el nombre no es sólo formal, ejerce un verdadero poder performativo sobre la naturaleza misma de los restos exhumados a los que se les devuelve la existencia. (Robin Azevedo, 2015, p. 84)

Aquí, sin excavación y en ausencia de los cuerpos, este regreso de los apellidos, bajo una forma colectiva asociada a ideales políticos, restituye una vida y un combate memorable, digno de ser citado como ejemplo. Jean-Pierre Vernant, en un contexto histórico muy diferente, ofrece una reflexión similar:

El individuo [...] continúa existiendo en otro plano, con una forma de ser capaz de escapar a la usura del tiempo y la destrucción. Sigue existiendo gracias a la permanencia de su nombre y al brillo que rodeara su renombre, presentes no sólo en la memoria de quienes lo conocieron en vida, sino en la de todos los hombres venideros. (Vernant, 1990, p. 55, traducción realizada por el traductor del presente texto Manuel Balbuena)

El monumento, los nombres y, más aun, los tiempos de celebración son como huellas que reintegran a los fusilados a una memoria socializada. El proceso de individualización de los muertos ausentes va acompañado de una labor de restitución de sus compromisos políticos. Dicho proceso alcanza su apogeo en 2016, cuando el Círculo publicó: "*Nunca hemos oído pedir perdón. Listado y notas biográficas de las personas asesinadas en Huesca capital, del 19 de julio de 1936 al 23 de enero de 1945, por los militares sublevados y cómplices*". Este libro contiene el resultado de sus investigaciones sobre los 545 ejecutados. De esta manera, los muertos vuelven a ser individuos y salen de la indistinta esfera de víctimas (término nunca utilizado por mis interlocutores sobre el terreno) para ser integrados a un colectivo de valores, ideales y compromisos que hace de ellos actores de una trayectoria política y social.

Todo sugiere en este trabajo de memoria un sustituto de la ausencia del cuerpo, en el que la restitución de la humanidad pasa por el retorno de las identidades y de las luchas, y esto, incluso antes de la búsqueda de los restos mortales. Bajo la forma de una presencia memorial, se erige como el primer hito de la existencia de estos cuerpos ausentes, contrarrestando los ultrajes que sufrieron, su desaparición, pero también el terror impuesto por el régimen y los silencios de la transición.

Hacer visible. 545 bloques de granito para una "Pirámide truncada"

Un militante de la CNT, miembro del Círculo, con 93 años de edad en 2014 y hermano de dos fusilados, subraya el estatus ambiguo de este espacio monumental y de este acto de inauguración "que no podríamos llamar un entierro, porque, desgraciadamente, los huesos, los restos de nuestras familias, no los tenemos, a lo mejor ni aquí ni en otros actos, e incluso quizá no los encontraremos nunca" (ceremonia de inauguración, el 14 de diciembre de 2014). Plantea la duda, muy presente en Huesca, sobre el porvenir de las fosas[19]. El Memorial 545 marca así otra forma de operar un retorno de las memorias, a través de una representación que muestra la exhumación simbólica, el resurgimiento de los individuos asesinados y el monumento funerario. Tantas formas complementarias y conjuntas de (re)aparición de la memoria, en la que, ante la ausencia de exhumación física –y por tanto de restos mortales–, el grupo propone sustitutos.

El Memorial 545 es una "Pirámide truncada" formada por 545 bloques de granito, rodeada por ocho placas de hierro grabadas con los nombres y apellidos y las fechas de las ejecuciones de los fusilados. Está construida en lo alto de un cerro y domina una hondonada que prolonga el monumento. El arquitecto municipal, diseñador del proyecto, comenta su obra:

> Abajo, el espacio queda confinado entre taludes de tierras amontonadas, como si se hubiese excavado. Esto supone construir un vacío. Se intuye en él lo irreversible. Cada prisma fue una vida truncada. [...] De allí, la escalinata parte modelando sutilmente el talud [...], el monumento se prolonga, y con ella se extiende el monumento a través del cerro hasta coronarlo. Su recorrido, su ascensión, es en sí mismo un gesto de superación que transmite ese significado al propio cerro [... que,] a su vez, se apropia de él [...]. El lleno frente al vacío. (Documento de presentación del proyecto redactado por el arquitecto municipal)

Esta descripción del conjunto monumental llama la atención por varios motivos. En primer lugar, se transparenta la voluntad de significar la excavación, y esto, a pocos metros de algunas fosas, a pesar de que estas siguen cerradas, ocultadas. El monumento se impone primero como una representación de la exhumación: la excavación en el terreno, simbolizada por la zanja y la "tierra amontonada", revela una forma cuadrada, que se corresponde con la base de la pirámide, dibujada por bloques de

---

19. Según mis interlocutores, se organizaron tres fases de desplazamiento desde la provincia de Huesca hasta el "Valle de los Caídos" entre 1958 y 1970.

MATERIAS INESTABLES

granito. De esta zona confinada parte la escalinata que permite la subida al cerro, acto que marca la superación del "vacío", de la ausencia y del silencio, para llegar a un lugar dominante donde se hace visible la presencia del recuerdo y de los fusilados, expuesta a las miradas. Allí, la pirámide formada por 545 bloques de granito, representa a cada uno de los "mártires", las 545 "vidas truncadas". Estas piedras se convierten en sustitutos de los cuerpos ausentes, surgidas del espacio excavado que les hace frente, pero que éstas dominan. El monumento marca el regreso de los muertos, unidos en una comunidad de destino, y los eleva al estatus de "mártires de la libertad".

Este Memorial 545, gracias a su visibilidad, debe contribuir a asegurar la perennidad de sus memorias y se convierte, mediante el ritual de homenaje puesto de relieve durante su inauguración, en un lugar de recogimiento. La pirámide se destaca como un sitio central, tanto para las familias de sangre como para la familia del compromiso que se ha fortalecido a lo largo del proyecto. Porque, más allá del acto de (re) socialización de los muertos,

> [el lugar] es también esencial para el monumento funerario. [...] Sin la localización, la huella sería sólo un signo errante y el epitafio, como lo atestigua su etimología (del griego *epi-*, "encima", y *taphos*, "fosa, tumba, sepultura"), sólo vale porque es, ante todo, una topo-grafía, una escritura deíctica, que designa un lugar: el del muerto. Esta epigrafía disipa la incertidumbre diciendo: "él está aquí". (Urbain, 1999, p. 196)

Los muertos ausentes están efectivamente ahí. Al ofrecer un espacio de recogimiento para las familias, un espacio de "recuerdo [y...] de encuentro", según palabras de uno de los ponentes durante el discurso de inauguración, el Círculo y la CNT ofrecen una forma de cenotafio. Pero este monumento funerario, entre individual y colectivo, va acompañado de otro sustituto de los cuerpos ausentes.

Durante los trabajos de investigación previos a la constitución del memorial, las familias prestaron archivos (cartas, fotografías, etc.). Con el objetivo de valorizar estos documentos, el CRMAHU y la CNT organizaron una exposición en la Diputación Provincial de Huesca, entre el 1 y el 13 de diciembre de 2014: "Huesca bajo el terror. Prisión y muerte 1936-1945". Unas sesenta fotografías en blanco y negro se mezclan con reproducciones de documentos, sentencias del tribunal militar o últimas cartas de los condenados. Los rostros restituyen su forma humana a los nombres, las palabras dan consistencia a la desaparición; los dos juntos impactan al público, lo sumerge en un registro emocional. Varios familiares de los asesinados pasean por la sala, buscando documentos sobre sus antepasados, haciéndose fotografiar delante de ellos, junto a los retratos. Citando a Jorge Moreno Andrés, estos hechos resaltan

…la importancia de la fotografía como sustituto del cuerpo, como material a partir del cual se invoca una estructura familiar que nunca pudo darse, no sólo por el asesinato […], sino sobre todo por la ocultación de este hecho fruto de un contexto de miedo y violencia. (Moreno Andrés, 2014, p. 101)

El antepasado regresa a la familia bajo un estatus diferente, permitido y generado por el reconocimiento social.

Si "la totalidad del proceso de exhumación y reinhumación constituye una manera de reafirmar la identidad del difunto como individuo, como miembro de un grupo familiar y social, como ser humano" (Duterme, 2021, p. 64), en el caso aquí estudiado, ante la ausencia de restos mortales, los nombres, los bloques de granito, el monumento y las fotografías asumen este papel en la esfera pública, impactando de este modo en un nivel más íntimo, en el familiar. Este conjunto de acciones, enmarcado por un colectivo militante, contribuye a restituir la presencia a estas ausencias. Los "asesinados" son padres o madres, militantes políticos o sindicales, ciudadanos, trabajadores, con rostro y familia… pero sin cuerpo.

Durante la inauguración del memorial, los activistas del CRMAHU afirmaron su deseo de continuar investigando, de integrar nuevos nombres a la lista, de difundir estos acontecimientos de manera pedagógica. Si mencionan las exhumaciones, posponen en el tiempo su realización, subrayando que los contextos político y económico no son favorables para ello. Además, en Huesca como en el resto de España, existe una gran incertidumbre en cuanto a la perennidad de estas fosas. El entonces presidente de la asociación me explicó, informalmente, que la prioridad de la misma era ofrecer a cada uno de los familiares un lugar de recogimiento porque, según él, en muchos casos las excavaciones se revelarían infructuosas, y los cuerpos definitivamente ausentes...

Las elecciones municipales y regionales de 2015 marcan cambios políticos y un mayor interés de las instituciones por la "recuperación de la memoria histórica". En 2017, mientras se asignaba financiación a esta cuestión, un "nieto" se puso en contacto con la asociación para buscar los restos mortales de su abuelo. Fue así como los militantes comenzaron las primeras exhumaciones (del ciclo de los años 2000); estas revelaron el encuentro y la complementariedad de los dos modos de acción, entre sustitutos y excavación.

Lo que produce la exhumación. Actores, discursos e incertidumbres

El 15 de julio de 2017, una veintena de personas, miembros y simpatizantes del Círculo, así como un equipo de profesionales –dos arqueólogos, dos voluntarios formados en arqueología, una conservadora-restauradora y una antropóloga forense– se reúnen en el cementerio municipal, para participar en la búsqueda de los restos mortales de Casimiro[20], miembro del partido político Izquierda Republicana, fusilado el 25 de noviembre de 1938. Antes de iniciarse las obras de excavación, la presidenta del Círculo, el nieto de Casimiro y el arqueólogo jefe, toman la palabra; el momento es, a sus ojos, histórico, puesto que inician un nuevo eje de las actividades de la asociación y abren nuevas posibilidades para el retorno de los "asesinados":

> Hoy mancharemos nuestras manos, sudaremos nuestras ropas, nos sentiremos bien y mal, en rachas. Y todo esto buscando a Casimiro […], al abuelo de todos nosotros. Porque este pacto de hoy, de lágrimas, abrazos, sudor y polvo y, esperamos, de éxito también, nos convierte a todos en nietos y nietas de Casimiro. Gente, miembros de una familia de irreductibles, de combatientes contra el olvido, gente, en suma, republicana. (La Presidenta del Círculo, dirigiéndose al nieto)

> Para mí, ya sois de la familia […]. Lo enterraron, pero enterraron semillas que vosotros habéis sabido regar para que florecieran. (El nieto)

> Y también decirle a sus familiares que este equipo hará todo lo que esté en sus manos para devolverles, por lo menos, la dignidad de los restos de su abuelo […]. Y si no es ahora será en otro momento, pero lo encontraremos. (El arqueólogo jefe del equipo)

El 22 de julio, cuando la cavidad alcanzó una profundidad de más de dos metros, el jefe del equipo miró a los ojos al nieto de Casimiro y dijo únicamente "lo siento".

Si bien no se pudo encontrar el cuerpo, los miembros del CRMAHU y los arqueólogos afirmaron que la búsqueda continuaba. El muerto ausente se convierte en un cuerpo desaparecido (Ferrándiz Martín, 2010). Pero ni los militantes del Círculo ni los familiares de Casimiro utilizan este término prefiriendo la expresión "el abuelo". El uso de un vocabulario relacionado con el registro del parentesco da testimonio de un colectivo comprometido en un mismo trabajo físico y simbólico. El

---

20. Aquí se ha optado por dar sólo los nombres de pila, pero se conocen las identidades completas de los cadáveres buscados y/o exhumados.

esfuerzo compartido, las esperanzas y las desilusiones vividas juntos refuerzan un sentimiento de comunidad cuyas bases han sido erigidas por las actividades previas y se han visto fortalecidas con el tiempo. En este sentido, este análisis se une a la propuesta de Ulrike Capdepón (2018), para quien las exhumaciones de fosas comunes en España se realizan dentro de una implicación de los actores en la que la "filiación genealógica" y la "afiliación comunitaria" forman parte del mismo proceso creativo que instituye una familia política.

La individualización del muerto, su reinscripción en una historia familiar y en las memorias de un colectivo politizado no pueden contrarrestar del todo la tristeza o la decepción de los actores, pero compensan este fracaso. Ante la ausencia del cuerpo, la desaparición no es total: Casimiro permanece en la memoria de esta "familia" extensa, que no es ni de sangre ni de ADN, sino que está construida en torno a un compromiso, a luchas y a convicciones republicanas. El monumento, espacio de ritualización del homenaje y de la conmemoración, como lugar de recogimiento de los familiares, ofrece un sustituto –¿provisional?– de la tumba. Además, el que ahora los militantes llaman "el abuelo de todos" está presente durante la segunda exhumación, en noviembre de 2017: "Crónica dedicada a Casimiro […]. Te seguimos buscando, abuelo"[21]. La dimensión afectiva tiene un anclaje genealógico con la constitución de un antepasado común. Esto fortalece los vínculos entre los militantes en el presente y reactiva su apego al pasado, lo que justifica su compromiso.

El 4 de noviembre fueron más o menos los mismos actores los que se reunieron en el cementerio de Las Mártires para buscar a Mariano, un militante de la CNT fusilado a los 38 años, supuestamente "puesto en libertad" el 10 de diciembre de 1936. En el comienzo de la tarde, un cráneo sale a la superficie. Presenta un agujero de bala vinculado con la ejecución. Después de una semana de excavación, finalmente se exhumaron cuatro cuerpos en lugar de uno (tres hombres y una mujer).

Las presuntas identidades de estos cuerpos inesperados son establecidas por el investigador voluntario del CRMAHU: la mujer podría tratarse de Tomasa, fusilada a los 65 años, mientras que los "individuos 1 y 2" podrían llamarse Pedro y Pablo, según datos de archivo recopilados previamente (principalmente las fechas de ejecución). Los miembros de la asociación, de acuerdo con la familia de Mariano, hacen un llamamiento a la prensa y radios locales; la información debe circular con la esperanza

---

21. CRMAHU (s.f.). Relato de la segunda exhumación [Entrada de blog]. Recuperado el 20 de enero de 2019, de <http://neofato.es/MC.htm>. Dominio caducado.

de encontrar descendientes potenciales. Y esto es lo que sucede, ya que una zaragozana reconoce el nombre de su tío abuelo; ella contacta con el Círculo y tras las comprobaciones necesarias, la familia se implica plenamente en el proyecto[22].

Uno de los militantes escribe en el blog del Círculo: "Los cuatro asesinados vuelven. Sus bocas abiertas exigiendo justicia, sus cuencas mirando al infinito, en breves horas removerán conciencias, harán pedagogía, estarán vivos…"[23]. Esta frase plantea interrogantes sobre el poder de enunciación atribuido a los esqueletos que reaparecen y, más aun, sobre los distintos registros discursivos asignados a los actores de la exhumación: ¿quién cuenta la vida y quién relata las violencias?

Los restos mortales se dejan para la valoración de los profesionales y los análisis de laboratorio que, compilados en el "informe final", determinarán oficialmente las identidades y las circunstancias de la muerte. Así, legitimarán *in fine* el estatus de estos muertos. Mientras los arqueólogos se encargan de la extracción de los cuerpos, los voluntarios tamizan la tierra buscando huellas de las identidades, pruebas de la violencia sufrida, etc. Ahora bien, los objetos manufacturados encontrados en las fosas (en esta ocasión los probables restos de un bolso, un botón de nácar, un gancho de sujetador, unas suelas de zapatos) vinculan estos cuerpos a unas vidas cotidianas, a unas familias, a unos trabajos o incluso a sus militancias. Tienen un fuerte impacto en algunos de los voluntarios, que los acogen y los recogen como testimonios transmitidos directamente: "Metonimia de la mujer o del hombre que los poseía, [tienen] un gran poder evocador y emotivo" (Baby & Nérard, 2017, p. 16)[24]. Su descubrimiento, por casualidad o tras largas horas removiendo tierra, convierte a los participantes en los depositarios y garantes de la vida. A ellos les corresponde transmitir, no las circunstancias de la muerte, tarea dejada a los expertos, sino más bien la existencia –familiar, profesional, política y militante– de estos huesos que han vuelto a ser personas: "Ahora son de los nuestros" (un voluntario de la exhumación).

---

22. Como esta observación se limita a un único caso, no puede entenderse como una afirmación generalizable y se deberá complementar o incluso matizar con investigaciones adicionales.

23. CRMAHU (s.f.). Relato de la segunda exhumación, [Entrada de blog]. Recuperado el 20 de enero de 2019, de <http://neofato.es/MC.htm>. Dominio caducado.

24. Acerca de este aspecto, véase el dosier "Material traces of mass death: the exhumed object/Traces matérielles de la mort de masse: l'objet exhumé" de la revista *Les Cahiers Sirice* (2017), que reúne las ponencias del coloquio homónimo y del cual se citó aquí la introducción.

Estas dos primeras exhumaciones[25] presentaron resultados diferentes. Sin embargo, tienen en común plantear nuevos interrogantes –sobre la ubicación de los cuerpos o la localización de familiares de los restos mortales inesperados, por ejemplo–, pero también un conjunto de relatos, rumores y conjeturas que siguen pendientes.

En el caso de Casimiro, la ausencia de los huesos en el lugar indicado por los archivos abre una nueva etapa de investigación. La exhumación, que debería haber puesto fin a la incertidumbre, la prolonga un poco más en el tiempo y el espacio. Se evocan tres hipótesis sobre el destino de los huesos: un posible desplazamiento al "Valle de los Caídos", una excavación durante los primeros años del franquismo por estudiantes y profesores de medicina, o, finalmente, una exhumación "clandestina" en la década de 1970, por una descendiente en busca de su propio antepasado.

En noviembre, la aparición de los cuatro esqueletos también suscita preguntas y suposiciones, particularmente en el caso de Tomasa. Los militantes, muy conmovidos desde el inicio por el destino reservado a esta anciana, contemplaron la perspectiva de la ausencia de descendencia. Habría sido arrestada (y luego ejecutada) para presionar a sus hijos. Estos últimos, militantes y combatientes de la CNT, habrían muerto, potencialmente, en el frente, jóvenes y sin hijos. Así, inquieta la posibilidad de que ningún familiar reclame sus restos, y ante tal situación: ¿qué será de ellos?

Y en efecto, ninguna familia se presentó. De la misma manera en que Casimiro se convirtió en "el abuelo", Tomasa se convierte en "la abuelita"… Su nuevo entierro –en un ataúd de madera grabado con sus apellidos, con las fechas de ejecución, de exhumación y de reinhumación– se hizo en el mismo lugar de la fosa, como lo exige la ley. Este acto fue acompañado de la colocación, por parte del Círculo, de una placa que indica la fosa y especifica:

> En este lugar fueron sepultados Mariano […], Tomasa […], Pablo […], Pedro […]. Asesinados por el franquismo el 10 de diciembre de 1936. El 4 de noviembre de 2017 el CRMAHU rescató sus restos y su memoria. (Placa descubierta el 1 de julio de 2018)

Conclusión

En un primer tiempo, ante la ausencia de los cuerpos y la imposibilidad de exhumación, un trabajo colectivo de memoria se encarga del "retorno

---

25. Se organizó una tercera en la primavera de 2018, una cuarta y una quinta en el otoño del mismo año.

de los muertos", tanto en su individualidad como en la contextualización de sus recorridos, entre pertenencia familiar y compromisos ideológicos. En un segundo tiempo, la erección de un monumento memorial y su inauguración ofrecen otra forma de (re)aparición simbólica de estos cuerpos ausentes. El monumento funerario en su concepción y en su realización es al mismo tiempo una representación de la imposible excavación y de los cuerpos desaparecidos. En un tercer tiempo, las búsquedas de los restos mediante la exhumación dan resultados muy variables, pero sus vicisitudes y las reacciones de los diferentes actores ayudan a comprender las acciones emprendidas hasta ese momento por el colectivo de militantes. La construcción del colectivo sobre la base de un ideal político, compartido en el largo plazo de las dos primeras etapas, forjó el marco de cuidado de los muertos cuando se hizo posible su exhumación física. Independientemente del resultado de esta operación, y a pesar de sus aparentes fracasos, que van de la mano con el hallazgo de cuerpos inesperados, los vivos inscriben a los muertos en una filiación familiar que los erige simultáneamente como antepasados del propio grupo militante.

Así, estas primeras observaciones sugieren que la inscripción en una comunidad de pertenencia a través de los valores, los ideales y la lucha, permite incluir a los fusilados en una genealogía más amplia, y devolverles una existencia social, profesional y familiar, así como unos ideales políticos y/o sindicales. Con estos muertos ausentes ahora "regresados", estos restos desaparecidos o estos huesos "sin familia", el grupo militante reafirma la necesidad de su compromiso con la memoria.

Como lo demuestra el relato dado de la segunda exhumación: "Finalizan definitivamente los trabajos de campo de este proyecto. [...] Se tapa la tumba liberada; se descubre un nuevo lugar de memoria"[26]. Esta afirmación anima a continuar y completar el estudio aquí iniciado, con una reflexión sobre el porvenir de estos diferentes "lugares de memoria(s)". Una vez exhumados y reinhumados los cuerpos individuales, y representado y honrado el "cuerpo colectivo", ¿qué valores se le atribuirán a estos tres espacios que son el monumento, la fosa inicial y la sepultura definitiva? ¿Cómo se inscribirán en una temporalidad de la vida (política) de los cuerpos? Pero esta investigación se debe completar interrogando, desde el ángulo más íntimo, las memorias en el seno de las familias involucradas en el proceso, físico y simbólico, de la exhumación...

---

26. CRMAHU (s.f.). Relato de la segunda exhumación. Recuperado el 20 de enero de 2019, de <http://neofato.es/MC.htm>. Dominio caducado.

Referencias bibliográficas

AGUILAR FERNÁNDEZ, P. (2018). Memoria y transición en España. Exhumaciones de fusilados republicanos y homenajes en su honor. *Historia y política. Ideas, procesos y movimientos sociales*, 39, 291-325.

AGUILAR FERNÁNDEZ, P. (2019). El primer ciclo de exhumaciones y homenajes a fusilados republicanos en Navarra. *Kamchatka. Revista de análisis cultural*, 13, 227-269. DOI: 10.7203/KAM.13.13531

AZPÍROZ PASCUAL, J.-M. & ELBOJ BROTO, F. (1985). *La sublevación de Jaca*. Zaragoza: Guara Editorial. Recuperado de https://bibliotecavirtual.aragon.es/es/consulta/registro.do?id=4066

BABY, S. & NÉRARD, F.-X. (2017). Les objets des disparus. Exhumations et usages des traces matérielles de la violence de masse. *Les Cahiers Sirice*, 19, 5-20. DOI: 10.3917/lcsi.019.0005

CAPDEPÓN, U. (2018). Memorias familiares, identidades reprimidas y la vida política de los cadáveres: El significado actual de las narrativas de parentesco en las exhumaciones de la Guerra Civil española, *en* G. Gatti & K. Mahlke (Eds.), *Sangre y filiación en los relatos del dolor* (235-253). Madrid y Francfort-sur-le-Main, Iberoamericana, Vervuert. DOI: 10.31819/9783954876952-015

CASANOVA RUIZ, J.; CENARRO, A.; CIFUENTES, J.; MALUENDA, M. P. & SALOMÓN CHÉLIZ, M. P. (1999). *El pasado oculto. Fascismo y violencia en Aragón (1936-1939)* (2ª ed.). Zaragoza, Mira Editores.

DE KERANGAT, Z. (2017). Beyond Local Memories: Exhumations of Francoism's Victims as Counter-discourse during the Spanish Transition to Democracy, *en* T. S. Andersen & B. Törnquist-Plewa (Eds.), *The Twentieth Century in European Memory* (pp. 104-121). Leiden y Boston: Brill. DOI: 10.1163/9789004352353_006

DUTERME, C. (2021). Honrar, conmemorar, reparar. Estado y sociedad civil ante las víctimas del conflicto armado interno en la región Ixil (Guatemala), *en* A.-M. Losonczy & V. Robin Azevedo (Eds.), *Retorno de cuerpos, recorrido de almas. Exhumaciones y duelos colectivos en América Latina y España* (55-75). Lima, Instituto Francés de Estudios Andinos, Universidad de los Andes. DOI: 10.30778/2020.12

FERRÁNDIZ MARTÍN, F. (2010). De las fosas comunes a los derechos humanos: El descubrimiento de las *desapariciones forzadas* en la España contemporánea. *Revista de antropología social*, 19, 161-189. Recuperado de http://hdl.handle.net/10261/33428

FERRÁNDIZ MARTÍN, F. (2011). Guerras sin fin: Guía para descifrar el Valle de los Caídos en la España contemporánea. *Política y Sociedad*, 48(3), 481-500. DOI: rev_poso.2011.v48.n3.36425

LAMBÁN MONTAÑÉS, J. (2001). Orígenes del republicanismo en Ejea de los Caballeros: Los sucesos de 1848. *Suessetania*, 20, 125-148.

LEFRANC, S. (2007). La consécration internationale d'un pis-aller: Une genèse des politiques de "réconciliation", *en* G. Mink & L. Neumayer (Eds.), *L'Europe et ses passés douloureux* (233-246). París, La Découverte. DOI: dec.mink.2007.01.0233

LEFRANC, S. (2008). La justice transitionnelle n'est pas un concept. *Mouvements*, 1(53), 61-69. DOI: 10.3917/mouv.053.0061

LENCLUD, G. (1987). La tradition n'est plus ce qu'elle était... Sur les notions de tradition et de société traditionnelle en ethnologie. *Terrain. Anthropologie & sciences humaines*, 9, 110-123. DOI: 10.4000/terrain.3195

MORENO ANDRÉS, J. (2014). La vida social de las fotografías de represaliados políticos durante el franquismo. *Anales del Museo Nacional de Antropología*, 16, 83-103. Recuperado de https://www.libreria.culturaydeporte.gob.es/libro/anales-del-museo-nacional-de-antropologia-xvi-2014_4435/edicion/ebook-4211/

MORENO GARRIDO, B. (2010). El Valle de los Caídos: Una nueva aproximación. *Revista de historia actual*, 8, 31-44. Recuperado de https://www.historia-actual.org/Publicaciones/index.php/rha/article/view/588

REY, A. (Ed.). (1998). *Dictionnaire historique de la langue française*. París, Dictionnaires Le Robert.

ROBIN AZEVEDO, V. (2015). D'os, d'habits et de cendres. Corps exhumés et reconfiguration des dispositifs rituels et symboliques dans le Pérou post-conflit. *Revue europeenne des sciences sociales*, 53(2), 75-98. DOI: 10.4000/ress.3284

SMAOUI, S. (2014). Sortir du conflit ou asseoir la lutte? *Revue française de science politique*, 64(3), 435-458. DOI: 10.3917/rfsp.643.0435

URBAIN, J.-D. (1999). Deuil, trace et mémoire. *Les cahiers de médiologie*, 7(1), 195-202. DOI: 10.3917/cdm.007.0195

VERNANT, J.-P. (1990). La belle mort et le cadavre outragé, *en* G. Gnoli & J.-P. Vernant (eds.), *La mort, les morts dans les sociétés anciennes* (45-76). París, Éditions de la Maison des sciences de l'homme. DOI: 10.4000/books.editionsmsh.7734

CAPÍTULO 4

¿Cómo se puede vivir ahí si hay tanta alma penando?
Desaparición, memoria y espectralidad en el pueblo de Guerrero (Jujuy, Argentina)

Mariana Tello y Mariana Garcés

> *Los vecinos del predio donde funcionó el Centro Clandestino de Detención conocido como "Guerrero", en la localidad del mismo nombre, provincia de Jujuy, relatan haber escuchado y escuchar gritos provenientes de los sótanos de las tres casas que componen lo que fue el CCD, hoy camping. Dicen que son las almas de los que allí torturaron, cautivas en el lugar desde que el sótano fue tapiado. (Notas de campo, julio de 2001)*

El pueblo de Guerrero se encuentra sobre la ruta provincial número cuatro, en Jujuy, Argentina, veinte kilómetros al oeste de la ciudad de San Salvador de Jujuy y de camino a Termas de Reyes. El paisaje que rodea el pequeño poblado es imponente. Emplazado en un terreno montañoso e irregular, está rodeado de un espeso bosque conformado por árboles de cuyas ramas cuelgan bromelias, claveles del aire y orquídeas. Las quebradas trazadas por los ríos y arroyos están cubiertas de musgo y en sus laderas crecen helechos descomunales. Un entorno verde y húmedo circunda al pueblo. Desde la ruta, que sube en una pendiente hacia los cerros, se escucha el bramido del río Reyes, particularmente caudaloso en verano.

Las casas que conforman el poblado son bajas y se encuentran emplazadas a ambos lados de la ruta. A la derecha, se alzan sobre una loma tres hosterías cercadas por un alambre perimetral. Las hosterías se encuentran a 300 metros unas de otras. Una pertenece al gremio de UOCRA[1], la siguiente al de UPCN[2] y la última al de SMATA[3]. Junto con la escuela, la Agrupación Gaucha y el Club Atlético Guerrero, las hosterías son los edificios visiblemente más grandes. Un poco más lejos, y ya fuera del

---

1. Unión Obreros de la Construcción de la República Argentina.
2. Unión Personal Civil de la Nación.
3. Sindicato de Mecánicos y Afines del Transporte Automotor.

ejido del poblado, se encuentra una antigua construcción perteneciente a la Iglesia Católica, emplazada en lo que se conoce como "La finca del obispo". Un camino que lleva al interior del campo conduce a un puente colgante y, desde allí, a la comunidad "El Arca"[4]. En la zona habita también la Comunidad Aborigen de Guerrero, perteneciente al pueblo Kolla.

El lugar es apacible a pleno día. No hay más movimiento que unos pocos vehículos, algunos gauchos a caballo, personas a pie que saludan al pasar, que llevan rebaños de cabras. Pero esa tranquilidad que reina durante el día parece cambiar al caer el sol. Por las noches, cuentan los vecinos y vecinas, se escuchan gritos provenientes de las hosterías. Llantos, pedidos de ayuda. Se ven almas en pena que deambulan. Que asustan. Los vecinos y vecinas hablan de sótanos tapiados y de túneles que conectan los tres edificios. De cadáveres ocultos en esos espacios o sepultados en el predio, junto al barranco. De cuerpos que se llevó el río.

Esta intensa presencia de almas es relacionada por las y los habitantes de Guerrero con la última dictadura (1976-1983), y más precisamente con el Centro Clandestino de Detención (en más CCD) que funcionó en las hosterías entre julio y setiembre de 1976. "Guerrero", como luego se lo dio a conocer, fue uno de los 600 CCD implantados en Argentina para llevar adelante una política de terror y eliminación de la disidencia política. En aquel momento vivían en el pueblo de Guerrero cerca de 300 personas. Al día de hoy, 500[5]. Nos preguntamos, entonces, ¿qué implicó la implantación de un CCD en una comunidad como la de Guerrero? ¿Cómo un *espacio de muerte*, enclavado en el corazón del poblado, reconfiguró los modos de habitarlo y los ritmos cotidianos de sus pobladores? ¿Cómo esa experiencia moldea los modos de recordar el pasado y de vivir allí en la actualidad?

---

4. La comunidad religiosa El Arca fue fundada por el filósofo italiano Lanza del Vasto, seguidor de Mahatma Gandhi. Entre 1957 y 1977, viajó por Argentina, dando conferencias en torno a la filosofía de la no violencia y la vida comunitaria. A partir de entonces se formaron varias comunidades. En Jujuy son conocidos como "la comunidad de los ermitaños".

5. Según el diccionario geográfico de la provincia de Jujuy en 1980, Guerrero contaba con 288 habitantes que residían en 80 viviendas con agua potable y luz eléctrica (Paleari, 1986). Según los datos censales del año 2010 la localidad cuenta con 518 habitantes y 160 viviendas (INDEC, censo 2010). La localidad cuenta con una escuela primaria, pero no secundaria, por lo cual la mayoría de la población juvenil se desplaza a la Capital a diario. En relación a la población adulta, la principal actividad laboral está dada por el empleo estatal, en la empresa local de agua y el empleo informal. Estas actividades son combinadas en muchos casos con agricultura y ganadería de subsistencia, principalmente la cría de cabras.

El presente texto busca echar luz sobre las formas de habitar lugares que han sido marcados por la represión. Más específicamente, comprender las formas en que el terror se expresó y se expresa en una pequeña localidad del noroeste argentino, los modos en que estas comunidades *viven con* esos terrores, sus modos de conjurarlos, de lidiar con sus improntas.

En primer lugar, comenzaremos por relacionar lo que tuvo lugar en el pueblo de Guerrero con la represión a escala más amplia. A partir de allí abordaremos cómo la imposibilidad de hallar los restos de las personas desaparecidas ha continuado *produciendo* terrores a lo largo de cuarenta años. Daremos cuenta de los estragos que produce la sospecha de cuerpos insepultos en los espacios cotidianos y el consiguiente desdibujamiento de los límites entre espacios de vida y *espacios de muerte* (Taussig, 2002), entre espacios *sagrados* y *profanos* (Mauss, 1979). Finalmente, analizaremos las situaciones en las cuales las almas se manifiestan y cómo las mismas configuran las formas de vivir y practicar el espacio para las y los habitantes de Guerrero, atendiendo a las prácticas cotidianas y rituales que se llevan a cabo en el lugar para lidiar con esas presencias.

La represión en Argentina, en Jujuy, en Guerrero

El 24 de marzo de 1976, las Fuerzas Armadas dieron un golpe de Estado, inaugurando siete años de dictadura militar. Aunque la represión había comenzado tiempo antes, a partir de este momento se tornaría sistemática y se extendería a todo el país, haciendo de la desaparición la metodología represiva predominante.

Se estima que en ese lapso desaparecieron 30.000 personas[6] y que existieron alrededor de 600 CCDs donde estas permanecieron secuestradas, fueron torturadas, asesinadas y sus cuerpos ocultados conforme a diferentes métodos[7].

---

6. Debido a la clandestinidad en la que actuó el terrorismo de Estado, las cifras en torno a las víctimas de la represión constituyen un terreno de constante actualización y disputa. El número de casos documentado por el Ministerio de Justicia de la Nación arroja un total de 8.631 casos denunciados, entre los cuales 7.018 son personas víctimas de desaparición forzada y 1.613 víctimas de asesinato. Sin embargo, se estima que por cada persona denunciada hay dos que no. Por lo tanto, la cifra que toma forma de consigna asciende a 30.000.

7. Las modalidades de ocultamiento de los cuerpos variaron según las estructuras represivas: los cadáveres fueron inhumados como NN en fosas comunes situadas en cementerios, descampados pertenecientes a esas Fuerzas o, en el caso de la Escuela Superior de Mecánica de la Armada (ESMA) y algunos otros centros clandestinos de la ciudad de Buenos Aires, los prisioneros fueron arrojados con vida al mar (Cohen Salama, 1992).

En el caso de Jujuy, varios lugares funcionaron como centros de detención. Dependencias militares como el Regimiento de Infantería de Montaña (RIM-20); unidades penitenciarias como el penal de Villa Gorriti; destacamentos policiales como la Central de Policía de la Provincia/Sede del Comando Radioeléctrico y la sede de la Policía Federal actuaron combinando la faz pública de los aparatos represivos del Estado con una faceta clandestina. Además, una amplia red de comisarías locales y puestos de Gendarmería también sirvieron de lugares de derivación en los operativos de secuestro. Entre estos operativos de destacan algunos que fueron masivos, como los llevados adelante en Mina El Aguilar los días siguientes al Golpe de Estado; en Tumbaya entre agosto y diciembre de 1976 y el operativo conocido como "la noche del apagón", en Ledesma, Libertador General San Martín, Calilegua y El Talar[8] en julio de 1976. Este último resulta particularmente relevante en lo que aquí trataremos, ya que sus víctimas conforman el grueso de las personas que permanecieron secuestradas en el CCD "Guerrero".

Existe un consenso en torno a que "Guerrero" funcionó entre el 1 de julio y el 31 de agosto de 1976[9], tomándose como hecho fundacional el secuestro de un obrero de la empresa Ledesma el 2 de julio. En cuanto al número de personas que permanecieron secuestradas en este CCD, en el informe CoNaDeP-Nunca Más se habla de alrededor dos centenas de detenciones[10], cosa que parece confirmarse con los números consecutivos

---

8. Si bien el informe *Nunca Más* (1984) cristalizó este evento como "el apagón" –en singular– se trata de una serie de secuestros masivos llevados a cabo entre el 20 y 27 de julio de 1976. En esa semana fueron secuestradas alrededor de 200 personas, la mayoría de ellas trabajadoras del Ingenio Ledesma (Maisel, 2006; Da Silva Catela, 2003), que fueron llevadas al CCD Guerrero, ubicado a 128 km de allí.

9. Al tratarse de un lugar que funcionó en la clandestinidad, no es posible establecer con exactitud cuándo empezó o terminó su funcionamiento, ni cuántas personas permanecieron cautivas allí sino en base a aproximaciones siempre provisorias. Tomamos para esta estimación el informe *Nunca Más* (1984), los fundamentos de la sentencia de la Megacausa Jujuy (2023), y los estudios de Karasik y Gómez (2015).

10. El informe *Nunca Más* señala: "En el medio de un apagón general, irrumpieron fuerzas uniformadas en sus respectivas viviendas, deteniendo en esa oportunidad más de 200 personas en ambas localidades", refiriéndose a Libertador General San Martín y Calilegua. "Todas fueron llevadas al CCD de Guerrero (…) De la totalidad de detenidos, más de 70 personas permanecen desaparecidas hasta el día de la fecha" (1994, p. 218).

con los que se identificó a las personas detenidas en las subcomisarías de la zona[11].

Todo lo que actualmente se sabe sobre lo ocurrido al interior de aquel CCD emana casi exclusivamente del testimonio de las personas que sobrevivieron. Ellas recuerdan sobre todo gritos producto del castigo con látigo, de ser quemados con agua hirviendo y alambres al rojo vivo, las violaciones tanto a hombres como a mujeres, ser tratados "como animales", gritar como "corderos degollados". Imágenes que, en palabras de un sobreviviente, "se parecían a esas pinturas del infierno de Dante". Los relatos hablan además sobre la interminable agonía de algunas personas, las cuales murieron allí a causa de las torturas o que eran sacadas al exterior de las hosterías para ser fusiladas y no fueron vistas nunca más. A estos recuerdos les siguen inmediatamente las hipótesis sobre el destino final de los cuerpos que siguen sin aparecer[12]: señalan que la zona está llena de cuevas y grutas y que los cuerpos han sido arrojados allí; que cuando los mataban los represores no tardaban en volver; que se comentaba que habían hecho una fosa común y que la persona contratada para hacerla habría sido secuestrada tiempo después; que "no se molestaban" en llevarlos muy lejos. Desde el exterior, las y los vecinos de las hosterías fueron testigos silenciosos de ese sufrimiento, conviviendo con la sospecha de cuerpos insepultos en las inmediaciones del CCD. Desde entonces conjeturan sobre el destino de los cadáveres: que podrían haber sido enterrados bajo morros de tierra; en los sótanos de las hosterías tapiados tiempo después; bajo construcciones posteriores, como las canchas de fútbol o básquet; en las inmediaciones del barranco que da al río Reyes donde las crecidas habrían arrasado con los restos.

Pero nada de esto ha tenido nunca confirmación. A lo largo de los cuarenta y siete años que han pasado desde aquel momento ni un solo cuerpo correspondiente a las personas llevadas a "Guerrero" ha *aparecido*[13].

---

11. En el relevamiento realizado en las causas Víctimas FSA76000048/ 2012/TO1, FSA 44000195/2009/TO1, FSA 44000294/2013/TO1 y TO2, acumuladas en la Megacausa Jujuy, llevada adelante entre 2019 y 2022, un sobreviviente del CCD señala haber escuchado prisioneros que habían sido identificados con números superiores al 100.

12. Al igual que en otros puntos del país, las inhumaciones clandestinas fueron realizadas bajo un estricto secreto. Los únicos que saben a ciencia cierta dónde fueron sepultadas las personas que eran asesinadas son los propios perpetradores, habiendo guardado un hermético silencio a lo largo de los casi cincuenta años que corren desde los hechos.

13. En la provincia de Jujuy sólo una fosa ha sido ubicada permitiendo la identificación de restos de personas desaparecidas, y ninguno de esos restos corres-

Esos muertos, cuyos cuerpos siguen sin aparecer, contrastan con la constante aparición de "almas en pena" en el pueblo. El regreso de los muertos en forma de espectros –conjeturamos–, los modos en los que estos se manifiestan, la fuerza que infunden en las prácticas de los vivos, dan cuenta de las profundas transformaciones espaciales, temporales y ontológicas que introdujo la violencia y cómo estas se perpetúan a lo largo del tiempo.

Para los vecinos y vecinas del pueblo de Guerrero, el hecho de continuar viviendo "al lado" del *espacio de muerte*, produce todo tipo de reajustes en las configuraciones espaciales, rituales y cotidianas, donde los límites entre lo *sagrado* y lo *profano* se solapan y deben ser negociados continuamente.

Que los muertos no estén en ningún lugar fijo los vuelve, de alguna manera, omnipresentes. Sus almas vagan por los espacios cotidianos, su sufrimiento demanda acciones para calmarlas. La falta de los rituales mortuorios vuelve porosa la frontera entre "este" y el y "otro mundo". Que los muertos aparezcan entre los vivos los vuelve extraños. Pero además, los muertos de Guerrero, o más bien los muertos que la implantación de "Guerrero" (comillas con las cuales se suele diferenciar al CCD) dejó en ese territorio, no son originarios de esa comunidad, lo cual los recubre de otra capa de alteridad. Como en las situaciones analizadas por Kwon, estos *espíritus errantes* son una especie de *refugiados ontológicos* "que se encuentran desarraigados de su hogar, que es para ellos un lugar donde su memoria puede asentarse", anclarse, ligarse un *linaje* local (Kwon, 2018, p. 16). Como veremos en más, este cúmulo de irregularidades dadas por la implantación de un CCD en una pequeña localidad, introduce desajustes en el modo de concebir la muerte y (el descanso de) los muertos, dando lugar a prácticas tendientes a regular el flujo de esas almas, a restablecer fronteras entre "este" y "el otro mundo", a "apaciguarlas".

---

ponde a personas secuestradas en Guerrero. La única identificación de personas desaparecidas en la provincia data de enero de 1984, a partir de una exhumación en el cementerio de la localidad de Yala (ubicado a 13 km de Guerrero y a 18 km de San Salvador de Jujuy). En esta exhumación se identificaron cuatro cadáveres inhumados como NN, correspondientes a Dominga Álvarez de Scurta (oriunda de San Salvador de Jujuy, detenida y desaparecida en Jujuy, luego de ser retirada del penal de Villa Gorriti, el 26 de mayo de 1976), Maria Amaru Luque de Usinger, Rodolfo Pedro Usinger (ambos oriundos de Rosario) y Roberto Luis Oglietti (oriundo de la provincia de Buenos Aires), trasladados desde el Penal de Salta y asesinados en un enfrentamiento fraguado en la localidad de Palomitas el 6 de julio de 1976. Un quinto cadáver fue identificado en 2012, correspondiendo a Ruben Yanes Velarde, oriundo de Salta y detenido el 8 de noviembre 1975 en esa localidad.

Guerrero, el pueblo/"Guerrero", el CCD

Las hosterías donde se emplazó "Guerrero" son tres construcciones de dos pisos, de unos treinta por veinte metros. Luego del cierre del CCD el predio pasó a ser sede de la Escuela de Policía y en los años '90 fue dividido y otorgado a los sindicatos SMATA, UPCN y UOCRA.

El exterior del predio siempre estuvo delimitado por alambres perimetrales y sus entradas flanqueadas por garitas de vigilancia. Actualmente, el ingreso a cada una de las hosterías se realiza por portones, uno por cada hostería, claramente marcados con el nombre de cada sindicato. Los carteles que identifican su funcionalidad actual conviven con otras marcas: señalizaciones oficiales que indican su funcionamiento como CCD, placas colocadas por organizaciones, intervenciones artísticas, pequeños altares, coronas de flores de papel que cuelgan de los alambres, muestran una estratigrafía de símbolos políticos y religiosos. Todas las marcas se ubican en el exterior del predio, o más bien de los tres edificios de las hosterías, siendo la de UPCN –aquella que albergó a las personas secuestradas cuando el predio era CCD– la más intervenida. Junto a la ruta, en la entrada del camino que sube hasta esta hostería, se encuentra la señalización oficial con la que el Estado marca los sitios considerados de memoria: un cartel en lona de tres metros de altura, colocado en 2018, explica lo que allí pasó, junto con un mapa que señala la ubicación de los lugares donde se ejerció la represión en la provincia de Jujuy. A su lado, un monolito de ladrillos y cemento que dice "Centro Clandestino de Detención GUERRERO. Homenaje a las víctimas del terrorismo de estado 1976-1983. Por memoria, verdad y justicia. Organismos de Derechos Humanos Jujuy". Este cartel no tiene fecha, pero denota una antigüedad mayor, dada por las marcas de la exposición a la intemperie en los materiales[14]. En el umbral de entrada, a mano derecha, puede observarse un pañuelo blanco confeccionado con mosaicos, símbolo de las Madres de Plaza de Mayo, realizado durante el acto del 24 de marzo de 2021. Junto a una de las garitas contiguas a la entrada, una pequeña gruta pintada de azul y con techo de tejas exhibe a su alrededor algunos rastros de velas, cajas de vino vacías y colillas de cigarrillos.

Para las personas oriundas de San Salvador de Jujuy –como es el caso de las dos autoras de este texto–, Guerrero siempre ha sido "el pueblo que está de camino a las Termas", un lugar de paso, revisitado y observado con otros ojos cuando se conoce el pasado represivo del lugar.

---

14. Esta señalización fue realizada en el año 2004 y fue la primera marca que se realizó en el ex CCD "Guerrero" (Da Silva Catela, 2023).

Las veces que hemos frecuentado la zona –juntas o separadas, antes o después de pensar en un trabajo etnográfico allí[15]– las hosterías nunca estuvieron ocupadas.

Pese a ser espacios deportivos y sociales, rara vez se encuentran abiertas o se puede observar movimiento en su interior: unos jóvenes conversando en la hostería de SMATA en una ocasión; un guardia que custodiaba la de UPCN, en otra. Nunca hemos visto a nadie en la hostería de UOCRA, su apariencia es la de estar completamente abandonada. En mayo de 2022, el diario local publicó una nota[16] en la cual anunciaba la "puesta en valor del predio que UPCN-Jujuy tiene en la localidad de Guerrero". El titular del gremio señalaba que antes de fin de ese año estaría habilitado "para que nuestros afiliados puedan pernoctar allí". Agregaba también algunos detalles sobre las obras realizadas y cerraba diciendo que los intentos de habilitar una pileta de natación habían sido frustrados por razones "externas al gremio", pero que esperaban hacerlo en el verano. Las razones "externas al gremio" que aduce el titular de UPCN en relación con la pileta tienen que ver con los procedimientos legales que establecen una medida cautelar de "no innovar" en el predio para no alterar posibles evidencias o la aparición de restos[17]. Cuando, a fines de 2022, fuimos a recorrer el poblado, esta hostería se encontraba herméticamente cerrada.

Las y los pobladores de Guerrero aluden desde siempre a las hosterías como el lugar de donde provienen las "apariciones", desde donde resuenan los gritos de las almas en pena, intentando evitarlas por todos los medios, sobre todo cuando cae la noche. Tanto para locales como para foráneos, el lugar parece estar "maldito".

Nos preguntamos entonces por las tensiones implícitas en las formas de habitar las hosterías, la posibilidad de utilizar lo que fue un *espacio de muerte* como lugar recreativo, de pasar la noche allí, lo que implica

---

15. Ambas autoras hemos realizado trabajo de campo en Guerrero en diferentes momentos. Mariana Tello en 2001 y 2002, en el marco de la investigación realizada por Ludmila Da Silva Catela en relación a las memorias sobre el "Apagón de Ledesma". Mariana Garcés entre 2019 y 2022, en el marco de su trabajo final de licenciatura sobre las memorias locales en torno al CCD "Guerrero".

16. Ver <https://www.eltribuno.com/jujuy/nota/2022-5-31-1-0-0-puesta-en-valor-de-predio-de-upcn-jujuy>.

17. En conversación con el equipo de arqueólogos que realizan los peritajes en torno a posibles lugares de enterramiento en Jujuy, estos señalaron que la relación de la justicia con los gremios a los que actualmente pertenecen las hosterías siempre han sido tirantes, ya que comienzan obras sin dar aviso, o llaman a los peritos cuando ya están comenzadas, como en el caso de la pileta.

"abrir la tierra" allí. Una serie de incógnitas y ansiedades se instalan cuando intervenciones en el lugar perforan los espacios subterráneos, espacios anteriormente sellados –como los sótanos, los túneles– que podrían contener los cuerpos. Las excavaciones por métodos que permitirían precisar la ubicación de los cuerpos se han visto, a lo largo de los años, constantemente impedidas por la falta de medidas judiciales que habiliten intervenciones forenses. Mientras tanto, todas las personas con las que hemos conversado –pobladores, sobrevivientes y militantes de derechos humanos– han señalado de manera inequívoca esa incógnita que anida bajo tierra y que constituye el origen de las almas en pena en el pueblo. Las fosas, en tanto *espacios imaginados* (Colombo, 2017), producen espectros, desdibujan los límites entre los espacios reservados a los vivos, y aquellos reservados a los muertos.

Una serie de precarias y móviles delimitaciones separan estos espacios, ciertos umbrales los conectan. Las bocas –hoy selladas– de los sótanos y túneles abren un umbral, lo que está sobre y bajo tierra. Los perímetros que rodean las hosterías configuran delimitaciones difusas entre un adentro y un afuera, entre el espacio de muerte y los espacios de vida.

Desde que aquel lugar fue CCD muy pocas personas han transpuesto los límites del cerco perimetral: más allá de los visitantes esporádicos, los que más tiempo han pasado allí dentro han sido los encargados del cuidado y mantenimiento del lugar. Para ellos, la experiencia de pasar tiempo en las hosterías, sobre todo por las noches, no ha sido inocua. Doña Susana, una mujer de 86 años que vive en el pueblo desde hace más de siete décadas y es conocida por su oficio de curandera, relata:

> Mucha gente vino a hacerse curar. Los caseros ¡principalmente! De ahí sé todo, cómo se torturaba, cómo se hacía todo. La gente que cuida, no tiene paz para dormir. De día por ahí se siente ahí hablar ¡sienten! y miran y de repente se dan cuenta que no hay nadie. Están todo el día con la música y la radio alta. (Entrevista a Doña Susana, abril 2022)

Doña Susana relata que en varias oportunidades fue consultada por uno de los "caseros" de las hosterías a quien llamaremos Don Pedro[18]. Don Pedro y su familia vivían en aquel momento en un terreno contiguo a las hosterías, siendo obligados a mudarse del otro lado de la ruta en el momento de la implantación del CCD. Luego, cuando el predio fue cedido a la Escuela de Policía, Don Pedro fue contratado como cuidador. Doña Susana, cuenta que él acudía a ella para que le "curara el susto" provocado por la experiencia de estar allí. Los caseros que le siguieron

---

18. Nombre ficticio.

relatan experiencias similares: ser asustados, usar la música para llenar ese espacio silencioso y combatir, aunque sea temporalmente, el temor y la angustia producida por sonidos inquietantes que se perciben en las hosterías, como voces, silbidos, gritos y pasos. De ese modo, las personas evitan escuchar aquello que las perturba, pero el miedo las desborda y hace necesaria la búsqueda de una cura para apaciguar esos temores que se tornan dolencias[19]. Doña Susana, a raíz de esto, realiza curaciones constantemente. "Esas locuras –señala otra vecina– a veces, no se curan" y, si perduran en el tiempo, tienen efectos perniciosos para quienes las padecen, pudiendo enfermar y eventualmente morir.

Las y los vecinos dicen que en el predio de las hosterías se sienten "energías extrañas". Más allá de que la percepción más recurrente son gritos o ruidos sin una persona a la que se los pueda atribuir, otros relatos refieren haber visto almas en pena.

Chela, una de nuestras interlocutoras, nació en 1975 y vivió gran parte de su vida en Guerrero. Aunque actualmente no vive allí, aún mantiene un vínculo estrecho con la comunidad. Tiene familiares en el pueblo, es una de las principales promotoras de los rituales de conmemoración que se realizan en torno al ex CCD y ha sido testigo en los juicios por delitos de Lesa Humanidad celebrados en la provincia. En las conversaciones mantenidas con ella, describe numerosas situaciones en relación con "presencias".

Un vecino que vivía abajo, atrás de las hosterías, dice que siempre aparecía una señora de blanco que lloraba y lloraba. "Ahí siempre aparecían cosas, pero yo no las tengo en cuenta", me dice así. Él algunas veces se quedaba a dormir ahí, porque tiene una finquita ahí atrás. (De la hostería de UOCRA).

Aprendieron a vivir con eso. Es como que ya le parecía normal. Pero sí sentía él, el cuerpo se le hacía así, como de piel de gallina, todo el

---

19. Con el término susto, señala Castaldo, se hace referencia en muchos lugares de Latinoamérica –pero también del Mediterráneo– a una enfermedad que es preciso curar, y también a la causa de las llamadas "enfermedades de la cabeza". El susto se relaciona con el "espanto", el cual refiere al encuentro del sujeto con una realidad radicalmente diferente a la vivida en su mundo ordinario, la cual produce la *efracción* (la fractura) del sujeto, o la pérdida de las características que lo hacen humano, de su alma. Estar asustado, señala citando a Rubel "se basa en el entendimiento común de que un individuo se compone de un cuerpo y una sustancia inmaterial, una esencia, que puede separarse del cuerpo [...] o bien quedar cautiva de fuerzas sobrenaturales." (Castaldo, 2004, p. 34). La dolencia de padecer de susto, o la práctica de curarlo se encuentra muy extendida en Latinoamérica, y también en países mediterráneos como Italia.

tiempo. Entonces como que sí sabía que era algo malo, pero como que no se le metía así en la cabeza todo el tiempo. (Entrevista a Chela, julio 2019)

La principal estrategia contra estos "sustos" es la evitación de los lugares donde las almas se manifiestan. Otros se enfrentan a los terrores de noche, como el vecino mencionado por Chela, teniendo sensaciones contradictorias: sabe que es algo "malo", pero "no las tiene en cuenta", no deja que se le "metan en la cabeza". Aunque ambivalente en su apreciación sobre la experiencia, la reacción ante las "apariciones" parece ser física, tiene "piel de gallina", todo el tiempo"[20]. Las apariciones finalmente han sido, aunque con dificultades, integradas a su vida: parece haber aprendido a vivir "con eso".

Chela relata también la experiencia de otra vecina cuya casa está ubicada en el Alto Guerrero[21], en la última calle del pueblo, a unos 200 metros en línea recta del alambrado perimetral que separa el predio de UOCRA del barranco:

Hace poco fui a cortarle el pelo a una señora de ahí. Ella me dice que le entraba como calor a la noche y que se levantaba a bañarse. Todas las mañanas se levantaba a bañarse, el bañito está como más allá de su casa. Ella entraba a bañarse y dice que un día sintió que alguien le abrió la puerta del baño, sintió que alguien le pechó la puerta y le vio la mano, así, como una sombra.

Después otro día, dice que sentía ruido atrás de su casa, que corrían, como que correteaba alguien, sentía ruido y ella no salía. Ya se quedó asustada desde lo del baño, entonces se fue a un curandero, a un chamán, no sé cómo le dicen ellos. Le dijo al hombre ¿qué era eso? ¿Qué era esa cosa oscura? Y él le dijo: "Es un hombre, un hombre que sufrió mucho, está enterrado abajo de su casa. Él no es malo, necesita que alguien le pase una misa. Él ha sufrido mucho, está ahí, no te va hacer daño, hacele pasar una misa para que él se tranquilice, para que él sepa que alguien se acuerda de él". Cuando ella me contó eso, yo digo: capaz que el túnel [que conecta las hosterías con el río] pasa por su casa. (Entrevista a Chela, julio 2019)

Los y las vecinas tienen diferentes formas de lidiar con esas "presencias oscuras". La consulta a curanderos y curanderas, "chamanes"

---

20. Tener "piel de gallina", o "los pelos de punta" es una reacción corporal que se atribuye a una emoción intensa, principalmente al miedo.

21. "Alto Guerrero" es la forma en la cual se designa un área específica de la localidad que se sitúa en una meseta elevada, separada de la ruta nro. 4 por un desnivel de más de veinticinco metros, hacia la derecha de las hosterías. Las casas instaladas en esa zona son de construcción reciente.

resulta clave para descifrar qué son esas presencias, su ontología, y luego su cariz moral. El curandero le dice a la vecina que es un hombre y que es bueno, su intromisión en el mundo de los vivos se debe a que sufrió mucho y que en cierta forma comparten el mismo espacio, ya que está enterrado debajo de su casa. Su aparición expresa una demanda: el muerto no está en donde debería, el muerto necesita ser recordado. El curandero propone un ritual en su nombre, una misa, para que se tranquilice, para que sepa que no ha sido olvidado. La irregularidad de los cuerpos enterrados en lugares "impropios", junto con su sufrimiento, es la razón de las apariciones y demanda esfuerzos constantes por parte de las y los pobladores: esparcen agua bendita en los lugares en donde las perciben, les "hacen pasar" misas, rezan por ellas. Estas prácticas, llevadas a cabo a lo largo de todo el año, forman parte de la vida cotidiana en Guerrero, contribuyendo al sosiego de los muertos, y también de los vivos.

Pero en relación a los muertos existen otras prácticas que, a diferencia de las que hemos abordado hasta ahora, se inscriben en calendarios rituales más amplios. En Guerrero, dos conmemoraciones ponen en el centro de la escena a "los desaparecidos": el 24 de marzo, aniversario del golpe de Estado, y el 2 de noviembre, día de los fieles difuntos. Una, inscripta en el calendario de los Organismos de Derechos Humanos y del Estado, la otra en el calendario católico, ambas tienen en común el ser espacios de culto a muertos que, de un modo u otro, están relacionados con la comunidad.

¡Presentes!: la conmemoración del 24 de marzo en Guerrero

El 24 de marzo se realizan en distintos lugares de Argentina manifestaciones y actos por el aniversario del último golpe de Estado[22]. En la capital jujeña año a año se realizan actividades conmemorativas entre las cuales las "marchas", que suelen terminar en un "acto", conforman una liturgia canónica: la multitud que participa de la conmemoración se nuclea en un punto de la ciudad y "marcha" –camina– hacia el centro político de la misma, la mayoría de las veces la plaza en torno a la cual se configuran los centros urbanos. La marcha transcurre entre cánticos y consignas, sus participantes enarbolan banderas y pancartas con fotos de los desaparecidos. Luego, al llegar a destino se realiza el acto, diferentes

---

22. Es una fecha en la cual se organiza una marcha desde 1985, encabezada por los organismos de DDHH. A partir del año 2002, cuando se sancionó la Ley de la Nación 25.633, es feriado nacional.

oradores dan discursos sobre lo ocurrido en esa fecha y también sobre los reclamos políticos presentes[23].

En San Salvador de Jujuy, la marcha se realiza en horas de la tarde. En Guerrero, desde hace más de 15 años, la Asamblea de Trabajo y Dignidad (ATD)[24] convoca, por la mañana, a un acto en la puerta del ex CCD. El acto se realiza del lado de afuera del predio ya que no está permitido el acceso de personas ajenas a UPCN, y el gremio, por su parte, no participa de la conmemoración.

Son las 9.45 de la mañana del 24 de marzo de 2021. En el puente que cruza el río Guerrero, unos ciclistas descansan y conversan. Un kilómetro después, un cartel anuncia la llegada al pueblo, aún no hay casas y la vasta vegetación ocupa ambos lados del camino, se escucha el sonido de los pájaros y la brisa recorre las copas de los árboles, el sol pega en el asfalto y la humedad se levanta. Al girar levemente en una curva se puede ver una gran cantidad de gente ocupando todo el ancho de la calle. En ambos laterales de la ruta hay dos combis, un camión y algunos autos estacionados, ya que las organizaciones que asisten a la marcha no tienen sus sedes principales en el pueblo y los participantes del acto llegan en vehículos que las organizaciones gestionan.

Comienzan a desplegarse banderas rojas y negras, las mujeres se colocan un pañuelo blanco en la cabeza, otros llevan retratos en blanco y negro, con un marco rojo, de los desaparecidos de la provincia de Jujuy. Cien personas caminan a paso lento y se dirigen a las puertas del ex CCD.

El recorrido que se realiza es de alrededor de 400 metros. Adelante y abriendo el paso a las demás organizaciones, va la bandera de "Madres y Familiares de Detenidos Desaparecidos de Jujuy". Detrás flamea una bandera blanca con la inscripción "Nunca Más". El movimiento ATD es el más visible de la marcha, por su gran cantidad de banderas rojas y negras: la más grande de ellas dice "ATD. PRESENTE", en el extremo derecho en negro se encuentra la figura de Tupac Amaru, en el izquierdo la figura del Che Guevara. Detrás de ATD, marchan agrupaciones estudiantiles, territoriales y sindicales, enarbolando wiphalas y banderas con símbolos relacionados a tendencias políticas de izquierda, como puños en alto.

---

23. En San Salvador de Jujuy, los organismos de Derechos Humanos convocan por la tarde a un acto en el Parque de la Memoria y luego "se marcha" hacia el centro de la ciudad. La multitudinaria marcha finaliza en la plaza Belgrano, frente a la Casa de Gobierno.

24. ATD es un movimiento social con trabajo territorial abocado a diferentes tareas y funciones. Estas se organizan en frentes que discuten y llevan adelante esas tareas, en asambleas permanentes. Las regionales siguen este modo orgánico de organización en diferentes puntos de la provincia.

Una banda con bombos, platillos, redoblantes y trompetas acompaña la caminata con un cántico que tiene como base la melodía de "Y dale alegría a mi corazón"[25], y cuya letra dice:

...y dale alegría, alegría a mi corazón
la sangre de los caídos se rebeló
ya vas a ver
las balas que vos tiraste van a volver
y sí señor
nosotros somos los cumpas del apagón.

Poco a poco todos van llegando al portón del ex CCD y allí cuelgan sus banderas y las fotos de las personas desaparecidas. El sonido ya está preparado, algunos ex presos políticos esperan sentados en sillas de plástico a que la marcha llegue. Las personas empiezan a ocupar el espacio a lo largo y ancho de la rampa de acceso, algunas se ubican en los laterales en busca de sombra, otras llevan paraguas que las protegen del sol, las banderas flamean alto.

La música deja de sonar cuando una vocera de ATD, ubicada en el frente y con micrófono en mano, da por iniciado el acto:

En nombre de todos nuestros compañeros venimos acá a hacerles el homenaje y vamos a empezar diciendo:

—¡30.000 compañeros detenidos desaparecidos!

—¡PRESENTES! –replica la multitud.

—¡30.000 compañeros detenidos desaparecidos!

—¡PRESENTES!

—¡Ahora!

—¡Y SIEMPRE!

—¡Ahora!

—¡Y SIEMPRE!

—¡¿Dónde nos vemos compañeras y compañeros?!

—¡EN LA LUCHA!

Luego, la banda deja de tocar y por un momento todo se aquieta. En el frente, sin decir nada, comienzan a caminar tres mujeres jóvenes con la mirada hacia abajo, caminan en círculo y en silencio con pañuelos blancos en sus cabezas, captando la atención de todos. Por unos breves instantes, las banderas dejan de flamear y en el pueblo no se escucha

---

25. La melodía de "Y dale alegría a mi corazón" del cantante Fito Páez, con letras adaptadas, ha servido durante décadas de base para los cánticos que se corean en las marchas y en eventos futbolísticos.

MATERIAS INESTABLES

nada más que el sonido de algunos pájaros que aletean por el cielo, hasta que una de ellas toma el micrófono y comienza a recitar un poema. La intervención finaliza al grito de: "¡30.400![26] compañeros detenidos desaparecidos! ¡Presentes!"

Se realizan intervenciones a "micrófono abierto", hablan personas que se identifican como ex presos políticos y algunos sobrevivientes del CCD. Pronto se vuelven a entonar los cánticos, la gente agita las banderas, corea consignas y aplaude con emoción. Los gritos se van apaciguando y comienza a sonar una caja coplera[27] tocada por una de las mujeres que lleva pañuelo blanco en la cabeza. La caja suena y ella canta: "Vengo a cantar una copla. Vengo a romper el silencio. Porque perdieron la vida 30.000 compañeros". Mientras tanto, la multitud acompaña el ritmo de la copla con palmas.

En lo que sigue, las diferentes organizaciones realizan intervenciones, algunas a través de discursos y otras artísticas. Los y las asistentes miran atentamente lo que sucede en el centro, la emoción se siente en los largos aplausos, en cada canción, en cada grito de aliento: "¡vamos compañeros!", "¡aguante!" Cada discurso, cada presentación finaliza al grito de "¡30.400 compañeros detenidos desaparecidos! ¡Presentes! ¡30.400 compañeros detenidos desaparecidos! ¡Presentes! ¡Ahora! ¡y siempre! ¡Ahora! ¡y siempre!

A las 13 hs. el acto llega a su fin y la gente comienza a dispersarse por el espacio. Las banderas ya han sido enrolladas, las fotos quitadas de las paredes y guardadas en una caja, el equipo de sonido es subido a una camioneta. La puerta del ex CCD está casi vacía, exceptuando unas pocas personas de ATD que pegan fotos de los desaparecidos en la pared de ladrillos, mientras que otras, con aerosoles negros y rojos escriben: "Ni olvido, ni perdón", "No olvidamos, no perdonamos, no nos reconciliamos", "Nunca más", "Memoria, verdad y justicia".

La mayoría de las personas deja atrás Guerrero. El pueblo se encuentra otra vez en silencio, el sonido de los pájaros retoma su protagonismo,

---

26. La diferencia en el número (30.000 y 30.400) visibiliza una demanda del colectivo LGTBIQ+ en torno a la visibilización de (400) casos de personas de este colectivo sub-contabilizadas en los registros oficiales sobre las desapariciones en dictadura.

27. Las coplas son un tipo de canto con caja (un pequeño tambor redondo y chato que se toca con un palo), típico del folclore del norte del país y un elemento central en los ritos sagrados y festivos de las comunidades andinas. La caja da el ritmo a las coplas, canciones breves compuestas de estrofas de tres o cuatro versos, muchas veces improvisadas y que versan sobre temas de actualidad o burlescos.

ya no hay trompetas, ni platillos, ni murmullos. Todo parece volver a su ritmo cotidiano, a su tranquilidad característica.

Este ritual –con variaciones– se ha repetido año a año desde 2005, pero no siempre se realizó sin conflictos. Después de que ATD organizara por primera vez el acto del 24 de marzo en Guerrero, algunos pobladores le expresaron su malestar a Chela, como miembro de esta organización, ya que esa noche casi nadie pudo dormir. Cuenta Chela que, en esa ocasión, los vecinos manifestaron:

> Ustedes no los dejan descansar en paz (refiriéndose a los muertos), ustedes vienen a despertarlos. Vienen a hacer problema acá y después la gente no puede dormir de noche, se sienten ruidos, se escuchan gritos, se escucha que corren, que gritan… (Entrevista a Chela, julio de 2019)

De esta manera, los pobladores les adjudicaban a los militantes y a la conmemoración la responsabilidad de perturbar el descanso de los muertos y, en consecuencia, el de los vivos.

La conmemoración del 24 de marzo es la más importante del calendario ritual de los Organismos de DDHH en Argentina y, hace ya dos décadas, fue oficializada como el "día de la Memoria, por la Verdad y la Justicia", feriado nacional e inamovible. Es el único feriado que en todas partes del país convoca marchas multitudinarias y otros actos más pequeños, en ex CCDs, como es el caso de Guerrero. Los conflictos desatados a partir de aquella primera conmemoración revelan cómo los modos locales de recordar –y también de olvidar, como forma de habitar el lugar– en ocasiones entran en tensión con aquellos que se dan en los centros urbanos, o a escala nacional. Hacer presente a los ausentes –como se hace con la invocación coral en estos actos– deja de tener en este caso el carácter estrictamente memorial que tiene en otros contextos. La invocación, en este caso, otorga una vitalidad inusual a esos muertos, perturba su descanso. Pese a que la conmemoración del 24 de marzo no fue rechazada a nivel local, implicó tensiones y desafíos, que generaron la inclusión de esas almas en otros rituales celebrados en el lugar.

Muertos, "desaparecidos" y "compañeros": la ceremonia del 2 de noviembre

A causa del malestar manifestado, los militantes de ATD decidieron que una buena forma de tranquilizar a las almas –y con ello a los pobladores– podría ser "esperar a las almitas" de las personas asesinadas en el CCD el 2 de noviembre, día de los fieles difuntos. De este modo, los desaparecidos de Guerrero quedarían incluidos en una nueva fecha del calendario ritual local, el día de los fieles difuntos, el cual tiene como función "recibir" en la tierra a las almas por un día, honrarlas y, luego, volver a despedirlas. Chela, que siempre ha sido el nexo entre los militantes de ATD, de derechos humanos y las y los vecinos de Guerrero, dice que desde que organizan la ceremonia, la gente se siente más tranquila y las "almas" ya no asustan tanto:

> Nos empezamos a organizar, así como yo hacía en mi casa para mi papá, para mi mamá, para mi hermano, mi abuelo, les pusimos para ellos, pusimos "30.000 compañeros desaparecidos presentes", invitamos a miembros de Derechos Humanos o familiares a la casa a hacer el acto.
>
> Después vamos al CCD y hacemos la ofrenda, lo mismo que hacemos en el cementerio cuando alzamos de la mesa y vamos a ver a nuestro familiar, lo hacemos ahí, dejamos la ofrenda, ponemos la velita, hacemos un acto. (Entrevista a Chela, julio de 2019)

En el calendario católico, el 1º de noviembre se celebra "el día de todos los santos", el 2, el de los fieles difuntos[28]. En la provincia de Jujuy, durante el 1º de noviembre, las familias se ocupan de armar un altar para agasajar a sus difuntos, quienes serán los invitados de honor en la festividad. El altar se arma sobre una mesa con un mantel, y sobre ella diferentes elementos. Se colocan grandes cantidades de alimentos y siempre se intenta que no falten aquellos que, en vida, eran del agrado de los muertos; también fotos de ellos y ofrendas. Cada uno de esos

---

28. Al respecto señalan Losonczy y Robin Azevedo: "La colonización española (...) de América Latina, marca el continente con la huella de un largo proceso de evangelización de variable intensidad. Esto generó un catolicismo consuetudinario latinoamericano (...) en el que las representaciones y prácticas que involucran a los difuntos y a los santos constituyen su piedra angular" (Losonczy y Robin Azevedo, 2021, p. xii). Ambas celebraciones –la del día de todos los santos y la de los fieles difuntos– en su contenido original, remiten a la acción de los vivos para honrar a dos tipos de muertos. En el primer caso a quienes sin haber sido consagrados como santos por la Iglesia, llevaron una vida pía, ascendiendo al paraíso. El día de los fieles difuntos, por el contrario, tiene la función de rogar indulgencia por aquellos que aún se encuentran en el purgatorio por medio de "sufragios", que pueden ser ofrendas, rezos que pueden ayudar a esos difuntos a purificarse y ascender. Esta creencia en el Purgatorio –creada en el siglo XII– genera una nueva topografía celestial en la cual "los muertos tienen una segunda oportunidad de ascender al paraíso, a condición de que sean sostenidos y ayudados por los vivos" (Despret, 2021, p. 50). Al margen de que ambas celebraciones tienen un importante arraigo en Jujuy, la situación que se genera en Guerrero es especialmente interesante en relación con el papel ritual respecto de esos muertos que, debido a su mala muerte, a la falla en los rituales luctuosos, gozan de una especial vitalidad.

elementos es indispensable en la conformación del ritual: las ofrendas, las fotos, las flores y las velas.

Las ofrendas[29] son figuras hechas de pan con distintas formas, entre las que se destacan las escaleras –que se colocan de forma vertical ya que se cree que es por allí que las almas descienden y ascienden al mundo de los muertos–; los angelitos, que acompañan el camino de los difuntos; las cruces que representan a Jesucristo Protector y las palomas al Espíritu Santo. Además de esas figuras en los altares se pueden ver otras como mujeres, hombres, soles, lunas, patitos, siempre de a pares. Alrededor de la mesa, se colocan flores naturales, coronas de flores de papel, caramelos y cigarrillos, bebidas como vino, chicha[30] y gaseosas. Cuando los elementos están dispuestos sobre el altar, es el momento en el cual las almas son llamadas e invitadas a disfrutar del "agasajo"; para ello se encienden las velas, las cuales iluminarán el camino a la tierra. Durante todo ese día las velas se mantienen encendidas. Vivos y muertos comparten un día de celebración. Al día siguiente, se celebra el día de los fieles difuntos y llega el momento de despedir a las almas, que están "de visita" en el mundo de los vivos desde el día anterior. Se espera que ellas hayan quedado satisfechas con el agasajo y se las "despacha" hasta el próximo año. Para la despedida, cada familia se reúne frente al altar y reza. Una vez que se marchan, las velas se apagan. El ritual se celebra en torno a los muertos de la familia. Quienes han participado de la preparación de las ofrendas y las personas que visitan las casas para presentar sus respetos, pertenecen también a un núcleo familiar, íntimo. Luego las familias visitan a sus difuntos en el cementerio, limpian y arreglan las tumbas de sus muertos, colocan flores, comen y beben, escuchan música y se encuentran con otras familias. ¿Qué sucede entonces con esos muertos sin tumba, que no son familiares, aunque sí "compañeros"? ¿Qué formas de pertenencia al lugar se entablan, a través de estos rituales, entre la comunidad y esas almas?

En el fragmento de entrevista citado párrafos atrás, Chela señala algunas cuestiones dignas de ser analizadas. Primero, esos muertos,

---

29. En el siglo XVIII la Iglesia Católica aceptó la celebración del día de todos los santos. En los reinos de Aragón, Castilla y León, tanto como en algunas zonas de Italia, la misma comenzó a incluir alimentos a modo de ofrendas (Malvido, 2006). En este contexto, de devoción por las reliquias de los santos, las ofrendas sustituyeron a las mismas, teniendo en un primer momento forma de huesos, costumbre que se extiende en algunos lugares hasta el día de hoy. Las ofrendas luego adquirieron características de exvotos, tomando la forma de aquello que se le había pedido al santo, o asumiendo la imaginería católica, como en este caso.

30. La chicha es una bebida típica del norte argentino y de la región de los Andes que resulta de la fermentación del maíz.

aunque no pertenecen al núcleo familiar de quienes habitan Guerrero, de alguna manera son "adoptados" por medio de ese ritual y por el hecho de compartir el mismo espacio: unos viven allí, otros han muerto allí. Pero más allá de la simple hospitalidad hacia los muertos que no son necesariamente de la familia o de la comunidad, una serie de situaciones hacen de los muertos del CCD almas "inquietas", que requieren de una inusual acción ritual que suture las porosidades que instalan las *malas muertes* y los cuerpos insepultos entre el mundo de los vivos y el de los muertos. Además, han sido privados de los mecanismos que les permitirían un paso ritualizado al "más allá", configurando un *espacio de muerte abierto*. Por último, la imposibilidad de darles una ubicación en el lugar sagrado que, en situaciones ordinarias, configura el cementerio, hace que los límites entre espacios *sagrados* y *profanos* sean constantemente negociados.

Haciéndose eco de los desajustes que la desaparición impone a los tiempos y espacios dedicados al duelo, así como "los desaparecidos" son recordados en dos fechas, la celebración del día de los fieles difuntos en el caso de Guerrero concluye en dos lugares. En el caso de los muertos cuyas familias residen en el lugar y no están desaparecidos, en el cementerio local. Por otro lado, se lleva adelante esta misma ceremonia en las puertas del ex CCD, como lugar en el cual se presume pueden estar los restos de las personas desaparecidas.

Un lugar para los muertos sin tumba

Es 2 de noviembre, los cementerios de la provincia de Jujuy están abarrotados de gente que lleva coronas de flores de papel, flores naturales y ofrendas a las tumbas de sus seres queridos.

La línea 38 de colectivos es la única que llega hasta Guerrero y, como es feriado, pasa cada una hora. La espera en las paradas se vuelve interminable. Los colectivos sobrepasan la capacidad de pasajeros, mujeres con canastas llenas de ofrendas en una mano y flores en la otra intentan hacerse un lugar entre la gente. El colectivo se descomprime un poco, cuando llega a la puerta del cementerio "Jardín del Castillo", a mitad de camino entre San Salvador de Jujuy y Guerrero. Avanza y logra salir del embotellamiento, toma la ruta provincial nro. 4; desde la ventanilla se pueden ver los cerros que rodean el paisaje del valle jujeño, del lado izquierdo, casas que se suceden unas a otras y a la derecha, un parque con árboles grandes que bordean la ruta, separándola de la ruta nacional nro. 9.

Tres kilómetros después las casas comienzan a disiparse y, del lado derecho, otra vez aparece una arboleda que se alza sobre un parque lineal que bordea la ruta. Poco a poco las casas van quedando atrás y se ven fincas hacia los dos lados, acunadas por cerros de diferentes tonalidades. Afuera caen unas pocas gotas y adentro del colectivo un vapor humano irrespirable se levanta. Las personas conversan. La vegetación es cada vez más boscosa. Un kilómetro antes de llegar a Guerrero, las personas se preparan para descender; entre una hilera de eucaliptus se puede ver una pequeña tranquera blanca, por la cual se accede al cementerio de Guerrero. La mayoría de los pasajeros baja del colectivo y en él solo queda un puñado de personas. El colectivo sigue su camino por la ruta sinuosa; un kilómetro después del cementerio se encuentra la primera parada del pueblo, justo al frente de unas escaleras que conducen al Alto Guerrero.

Subir las escaleras toma, al menos, cinco minutos. Una vez arriba, se puede observar el predio de UOCRA. Girando levemente a la derecha, a doscientos metros se encuentra la casa de Chela.

Atravesando la puerta de entrada de la casa de Chela, lo primero que se ve es un tablón con un mantel azul sobre el que se encuentran las ofrendas de pan. La más grande y llamativa es un pan cuadrado con letras negras que dice "30.000 compañeros presentes". Las otras ofrendas de pan con forma de angelitos, lápices y roscas se encuentran formando una montaña en cuya cima hay una cruz con escaleritas a los lados. A un lado de las escaleritas se encuentra una foto del padre de Chela. En el altar también hay empanadas, bowls con frutas, galletas, paletas de caramelo, platos con trozos de torta, latas de cerveza, vino tinto y blanco. La mesa se encuentra llena, más cerca de los bordes hay dos velas encendidas, un vaso de plástico con agua bendita, un paquete de cigarrillos, paquetes de velas y un cuenco con hojas de coca. En la pared, justo arriba de la mesa, colgados, hay dos panes con forma de pañuelos de Madres de Plaza de Mayo y un pan circular con la inscripción "Nunca Más", junto a estos, una decena de coronas de flores de papel.

A las 11:30 de la mañana, integrantes de ATD se encuentran organizando la comida para compartir entre los invitados. Todos ayudan de diferentes maneras, uno asando el pollo en la chimenea de la casa, alguien se ocupa de las ensaladas, otros hacen el repulgue de las empanadas. Por la puerta se asoma Juan Mecchia, un hombre de unos 70 años, acompañado por su esposa Iris y uno de sus hijos. Juan, un ex preso político integrante de la "Asociación Jujeña de Ex Presos Políticos"; es además maestro de catequesis. Siempre asiste a la ceremonia del día de los fieles difuntos, es invitado a participar "con su dimensión de fe, de catequista y de la palabra de Dios", dice cuando se le pregunta.

Alrededor de las 12 hs. Chela anuncia que es el momento de despedir a las almas. Las personas abandonan sus tareas y se colocan alrededor de la mesa para rezar un Ave María, un Padre Nuestro y un Gloria. Luego,

Chela se dirige a las almas y les desea un buen camino de regreso: "pueden ir tranquilos", dice, e invita a Juan a decir unas palabras. Juan retoma unos versículos de la Biblia:

> La propuesta de Jesús en el evangelio según San Juan, capítulo 15, nos dice: no tengamos miedo, no tengamos temores. Él había organizado una cena de despedida, porque sabía qué es lo que le esperaba y dentro de tantas cosas que les expresó a sus amigos es que no tengan miedo, que él se iba, pero en la casa de su padre había muchos lugares, él les preparaba un lugar y volvía a buscarlos, a buscarnos a cada uno de nosotros. Con esas palabras, entonces buscamos, un poco, librarnos de las angustias de la despedida de nuestros compañeros, sobre todo de nuestros 30.000 compañeros desaparecidos. Dentro de esa angustia que tenemos, entonces crezcamos en nuestra fe.

Cuando Juan termina de hablar, esparce sobre los alimentos agua bendita. Los demás invitados, se unen al ritual y bendicen los alimentos de la misma forma.

Pasado el mediodía, Chela indica que es el momento de preparase para ir al ex CCD. Las ofrendas de pan con la inscripción "30.000 compañeros, presentes" y "Nunca Más", son guardadas delicadamente en una caja de cartón junto con los panes de pañuelos, escaleritas y cruces. Las bebidas son colocadas en una caja y también las coronas de flores, se retiran las flores naturales del agua y se las junta con el resto de las ofrendas. En el ritual tradicional, las ofrendas son llevadas al cementerio, en éste serán llevadas al ex CCD. Todo es cargado en la camioneta de Juan, encargado de llevarlas, junto con su esposa Iris y Chela.

Hay amenaza de lluvia y algunos relámpagos dispersos en el cielo. Por las calles no se ven más personas que las que van al ex CCD. Una vez que todos suben la pendiente, un grupo de varones se trepa al paredón y coloca las coronas de flores en los alambres de púa que hay sobre estos. Uno de ellos intenta sacar una corona que quedó del año anterior, una mujer le advierte que no lo haga al grito de: "no, no las saquen, que a ellos no les gusta,ya nos lo hicieron saber el año pasado". Aunque no se sabe precisar cómo "se los hicieron saber", ante esta advertencia nadie más intenta quitar ninguna vieja corona y las nuevas son colocadas en diferentes lugares.

Otro grupo, encabezado por Chela, coloca las cruces de pan, las escaleritas y los pañuelos detrás y sobre el techo de la gruta, que será utilizada como altar. Las ofrendas de pan que se llevan tienen distintas funciones y significados: las escaleras y las cruces permiten a las almas transitar hacia lo sagrado, los panes simbolizan la lucha de los organismos de Derechos Humanos y dotan de identidad a esos muertos. Las bebidas son acomodadas en el costado de la gruta y en su interior se colocan velas. Por último, se deja una bolsa con hojas de coca y cajas de cigarrillos.

El altar ya está terminado y a continuación las personas hacen un hueco junto a la gruta para ofrendar a la Pachamama y "a los compañeros". Chela se arrodilla y realiza la señal de la cruz, enciende una velita y con el fuego recién encendido, prende un cigarrillo al que da dos pitadas y luego clava en la tierra para que sea consumido por las almas. Luego "comparte" la bebida: vuelca un poco de líquido de cada botella en el pozo, esparce las hojas de coca, se persigna y da paso a la siguiente persona. Cada persona puede pasar a ofrendar si así lo desea. La ceremonia se hace sin prisa y cada quien utiliza el tiempo que considera necesario.

Cuando todos ya han ofrendado, las bebidas son volcadas en su totalidad, las hojas de coca son esparcidas alrededor de la gruta, se encienden las velitas que quedan y se reparten los cigarrillos entre los presentes, a quienes se invita a encenderlos y dejarlos junto a las demás ofrendas. Al finalizar, las ofrendas son colocadas en la parte más alta de las paredes, para evitar que sean devoradas por los perros. Todos se reúnen sobre la rampa y se escucha: ¡30.000 compañeros detenidos desaparecidos! ¡PRESENTES! ¡30.000 compañeros detenidos desaparecidos! ¡PRESENTES! ¡AHORA! ¡Y SIEMPRE! ¡AHORA Y SIEMPRE!

Hay aplausos y algunos abrazos, después todos juntos van caminando a casa de Chela para compartir el almuerzo. La comida es abundante y Chela advierte que si no comemos todo "las almas se van a enojar". Si bien lo que prevalece es un cierto sentimiento de temor o respeto por estas almas "inquietas", en algunos momentos también son objeto de pedidos de protección y de aliento, como en las vísperas de los rituales realizados en su nombre. Caen unas gotas del cielo, el día es cada vez más gris y desde adentro de la casa llaman a los invitados para que vayan a buscar las ofrendas que se llevarán a sus casas. Las personas en fila esperan su turno para recibir. Se reparten pedazos de fruta, ofrendas de pan, caramelos, paletas y porciones de torta.

Con este ritual, que en un nuevo calendario conmemorativo cierra un ciclo, las almas "invocadas" el 24 de marzo son "agasajadas" y "despachadas" el 2 de noviembre. Los desaparecidos son considerados como un tipo particular de difuntos, y a partir de esto son "invitados" y "esperados", el día destinado en el calendario religioso a rendirles culto. No se trata, como en la ceremonia tradicional, de muertos pertenecientes a la familia de aquellos que los agasajan, pero en algún sentido son adoptados por estos. Tampoco son las personas que viven de manera permanente en el pueblo las que llevan adelante el ritual, sino los militantes de ATD. En una ceremonia que combina costumbres ancestrales, prácticas religiosas y militantes, el ritual que culmina en el ex CCD pone de manifiesto nuevas formas de lidiar con esas muertes sin cuerpos.

Conclusiones

Lo analizado en este artículo buscó echar luz, a partir de un abordaje etnográfico, sobre lo que *produce* la ausencia de los cuerpos tras la violencia en masa, en particular en pequeñas localidades, como Guerrero. En Guerrero se sospecha la presencia de cadáveres escondidos aún hoy en sótanos, cuevas, túneles. Pero esos cuerpos hasta la actualidad no han aparecido. Los que aparecen, insistentemente, son sus espectros. ¿Cómo podemos comprender, entonces, esta tensión entre la desaparición de personas y la aparición de "almas en pena"? ¿Qué revela la aparición de esas almas, y las experiencias de quienes conviven con ellas, sobre el terror implantado durante la dictadura militar? Pérez señala que podemos pensar a la desaparición en el contexto de la última dictadura militar en Argentina como una *biopolítica de producción de espectros* tendiente a una modificación profunda y duradera de la sociedad a través de "la reducción a la espectralidad y la fabricación masiva de fantasmas" (Pérez, 2022, p. 15). Las *malas muertes*, la injusticia de la que fueron objeto las víctimas, pero ante todo la persistencia de la imposibilidad de localizar esos cuerpos, entonces, estarían en la base de esa producción duradera de terror, cuya manifestación son los espectros.

Pero esto, sin duda, tiene diferentes resonancias según los ámbitos donde se manifiestan: en espacios urbanos o rurales, en grandes conglomerados o pequeñas localidades, en lugares donde la presencia de esos cuerpos sin sepultura se sospecha lejana o cercana. En "Guerrero" el sufrimiento que fue administrado por el Estado se encontró en estrecha vecindad con los habitantes del pueblo. Las prohibiciones a la hora de circular o de ver lo que allí pasaba en aquella época, no impidieron que las y los pobladores fueran afectados por la proximidad con ese *espacio de muerte*, que fueran testigos silenciosos de la llegada de vehículos cargados de gente, que los alcanzaran las resonancias de su suplicio, que escucharan disparos en la noche. Las resonancias de la implantación de un *espacio de muerte* en el seno del mundo ordinario y en el ritmo del devenir cotidiano se hacen sentir hasta la actualidad en el pueblo de Guerrero, configurando significativamente las formas de habitar el espacio (Tello, 2016).

Pero la presencia de las almas no sólo revela la vigencia de aquel sufrimiento pasado, sino también sus reclamos presentes y sus anclajes en el territorio habitado. De Certeau (2000) afirma que lo que funda la noción de lugar[31], el punto fijo por excelencia, es una tumba. Si tomamos esa afirmación podemos conjeturar que la existencia de tumbas *deslocalizadas* en el pueblo de Guerrero produce formas de significar, vivir y practicar los espacios –*de vida* y *de muerte*– con límites poco claros. Una experiencia que obliga a sus pobladores a realizar todo tipo de reajustes en pos de la delimitación entre ambos, entre espacios *sagrados* y *profanos* donde ubicar a esos muertos y definir sus dominios. Al marcar el ex CCD y sus límites, los habitantes de Guerrero, las organizaciones que conmemoran a los muertos y desaparecidos les *hacen lugar* (Despret, 2021), otorgándoles de esa manera un *modo de existencia*. Las acciones rituales, redefinen las fronteras y "suturan" las porosidades entre "éste" y el "otro mundo", o al menos acompasan las aperturas y clausuras de los umbrales, de los poros entre esos mundos que la irregularidad de la desaparición plantea constantemente.

Esos muertos, *huérfanos ontológicos* –en la expresión de Kwon (2008)–, a la vez que aterran y promueven prácticas que, en una singular mezcla de costumbres ancestrales, ceremonias religiosas y políticas, refundan los bordes de calendarios rituales ya existentes con el fin de poder vivir con esas presencias. El compromiso entre vivos y muertos se reaviva año a año a través de esa liturgia y, aunque los liga al lugar sólo el hecho de haber muerto allí, son incorporados así a la comunidad local y a su cosmología mediante una singular *hospitalidad*.

Referencias bibliográficas

Castaldo, M. (2004). Susto y espanto: en torno a la complejidad del fenómeno. *Revista Dimensión antropológica*, año 11, vol. 32, 29-67.

Certau de, M. (2000). *La invención de lo cotidiano*. México, Instituto Superior de Estudios Superiores de Occidente.

Cohen Salama, M. (1992). *Tumbas Anónimas. Informe sobre la identificación de restos de víctimas de la represión ilegal*. Buenos Aires, Catálogos editora.

Despret, V. (2021). *A la salud de los muertos. Relatos de quienes quedan*. Buenos Aires, Cactus.

Da Silva Catela, L (2003). "Apagón en el ingenio, escrache en el museo. Tensiones y disputas entre memorias locales y memorias oficiales en torno a un episodio de represión de 1976", *en* Ponciano del Pino y Elizabeth Jelin (Comps.) *Luchas locales, comunidades e identidades* (63-105). Madrid, Siglo XXI.

---

31. En su análisis de las prácticas cotidianas, de Certeau señala la diferencia –y la complementariedad– de las nociones de *lugar* y de *espacio*: mientras el lugar es el punto fijo desde donde se ordena la experiencia, el espacio "es un lugar practicado".

DA SILVA CATELA, L. (2023). Ensamble de memorias. Usos, controversias y creatividad en los espacios de memoria. Una mirada latinoamericana. *Argumentos*, 4, 193-218.

GORDON, A. (2008). *Ghostly matters. Haunting and the sociological imagination*. Minneapolis, University of Minnesota Press.

KARASIK, G. y GÓMEZ, E. (2015). La empresa Ledesma y la represión en la década de 1970. Conocimiento, verdad jurídica y poder en los juicios de lesa humanidad. *Clepsidra. Revista Interdisciplinaria de Estudios sobre Memoria*, n° 3, 110-131.

KWON, H. (2008). *Ghosts of war in vietnam*. Edinburgh: Cambridge University Press.

KWON, H. (2018). The invisible neighbours. Cosmopolitan ghosts in a vietnamese village. *Terrain* n° 69, 24-39.

LOSONCZI, A. M. y ROBIN AZEVEDO, V. (Coord.). (2021). *Retorno de cuerpos, recorrido de almas*. Universidad de los Andes. Instituto Francés de Estudios Andinos (IFEA).

MAISEL, D. (2006). *Memorias del Apagón. La represión en Jujuy 1974-1978*. Buenos Aires, Ediciones MDH.

MALVIDO, E. (2006). *La festividad de Todos los Santos, Fieles Difuntos y su altar de muertos en México, patrimonio "intangible" de la humanidad*. Cuadernos de Patrimonio Cultural y Turismo, n° 16. México, Consejo Nacional para la Cultura y las Artes Coordinación Nacional de Patrimonio Cultural y Turismo.

MAUSS, M. (1979). *Ensaios de sociología*. São Paulo, Ed. Perspectiva.

PALEARI, A. (1986). *Diccionario Geográfico de la Provincia de Jujuy*. Buenos Aires, Instituto Geográfico Militar.

PÉREZ, M. E. (2022). *Fantasmas en escena. Teatro y Desaparición*. Buenos Aires, Paidós.

TELLO, M. E. (1016). Historias de (des)aparecidos. Un abordaje antropológico sobre los fantasmas en torno a los lugares donde se ejerció la represión política. *Revista Estudios en Antropología Social*, Nueva Serie, n° 1.

TAUSSIG, M. (2002). *Chamanismo, colonialismo y el hombre salvaje. Un estudio sobre el terror y la curación*. Bogotá, Norma.

Documentos:

CONADEP (1984). *Nunca más. Informe de la Comisión Nacional sobre la Desaparición de Personas*. Buenos Aires, EUDEBA.

HIJOS JUJUY (Agosto de 2018). Centro Clandestino de Detención Guerrero. *Gacetilla de los juicios de lesa Humanidad de Jujuy. "La verdad como el tábano"*(2).

Fundamentos de la sentencia de la Megacausa Jujuy. (2023).

CAPÍTULO 5

Santos y resucitados
Usos religiosos y políticos de los restos humanos en la Bulgaria postsocialista

Galia Valtchinova

Pese a que la Europa poscomunista ha alimentado una de las primeras reflexiones antropológicas sobre la exhumación de restos humanos y la "vida política de los cadáveres"[1], las tierras del sudeste europeo –con la notable excepción de Bosnia– han recibido poca atención en las investigaciones recientes sobre el tratamiento de restos humanos tras episodios de violencia masiva. Un rápido repaso a los trabajos sobre el caso bosnio[2] sugiere que, al menos para el antropólogo, uno de los principales obstáculos para desarrollar un modelo generalizable del desgarro que vivió esta sociedad balcánica en los noventa lo constituye la falta de consenso sobre la interpretación de los hechos y menos aun sobre la forma de "hacer vivir los cadáveres" en el espacio público y político del post-conflicto –espacio público compartido, en el caso bosnio, entre las víctimas y los responsables–. El caso de Bosnia se resiste a la configuración normativa de "verdad y reconciliación" que ha surgido en los estudios de sociedades que han atravesado periodos de extrema violencia[3], del mismo modo que incomoda a quienes intentan captar las economías morales[4] que operan en los distintos grupos y estra-

---

1. Utilizo la expresión consagrada por Verdery (1999).

2. Para tener algunos referentes de la literatura francesa y de lengua inglesa sobre esta problemática desde la perspectiva de Bosnia, véase Bečirević (2014), Bougarel, Helms & Duijzings (2007), Claverie (2011), Eadem (2012) y Delpla (2004).

3. Igual que la sociedad sudafricana cuando salió del *apartheid*, y como el mundo hispanófono de ambos lados del Atlántico: véase Losonczy & Robin Azevedo (2016).

4. Aquí adopto el concepto de economía moral redefinido por Fassin (2009), en particular en su doble orientación hacia las nociones de resistencias y de valores (más que de normas) que le da James C. Scott (*Ibid*, p. 1246 y ss.), con la ampliación propuesta por Fassin (2009, p. 1257): "Las economías conciernen al conjunto de la sociedad y de los mundos sociales. [...] *La producción, distribución, circulación y uso de emociones y valores, normas y obligaciones, exigen una doble topografía.* [...] interesarse por las economías morales de una

tos de esta sociedad. Estas dificultades, a pesar del tratamiento ejemplar de los restos humanos de la guerra de 1992-1995, parecen deberse a la persistencia de registros, a menudo contrapuestos, de la verdad factual y de la "verdad histórica", que alimentan diferentes economías morales[5]. La complejidad de las situaciones locales es transformada en ellas, a causa de los grandes relatos que siguen aprisionados del nacionalismo, en incompatibilidad de las memorias colectivas de las comunidades presentes. Esta pluralidad de registros interpretativos impide que la labor de duelo y pacificación se lleve a cabo de acuerdo con ideas y valores aceptados por todos los actores implicados, lo que hace ineficaz apelar a la normatividad movilizada en este tipo de trabajo en otras sociedades[6].

La constatación que se hace en el caso bosnio se verifica también en otros lugares del sudeste de Europa[7]. Lo que parece estar en el origen de la dificultad para identificar una normatividad eficaz relacionada con la memoria de la violencia, del tratamiento de las personas desaparecidas y de los restos humanos, es la interpenetración entre el trabajo de la memoria, por una parte, y el trabajo sobre la historia y el orden histórico, por otra. El resultado es la posibilidad de pasar de un registro estrictamente memorial al de los usos políticos del pasado, abriendo un juego entre temporalidades memoriales (individuales o colectivas) y temporalidades históricas[8]. Más allá de las interferencias de la frontera entre historia y memoria, este juego puede revelar estrategias políticas rivales, incluso opuestas.

Esta sugerencia se explora aquí siguiendo el ejemplo de las modalidades de tratamiento en la Bulgaria poscomunista de los restos humanos (huesos) identificados con masacres o ejecuciones extrajudiciales. Aunque

---

sociedad, o incluso *de un conjunto de sociedades, en un momento histórico dado*" [cursiva mía]. Sobre la pluralidad de economías morales dentro de una sociedad, véase Palomera & Vetta (2016). La dinámica de esta noción en el contexto de la violencia y las masacres se analiza en Losonczy (2016).

5. Varias etnografías sobre Bosnia demuestran la coexistencia de una pluralidad de economías morales (aunque raramente en estos términos), de las cuales algunas dan lugar al nacionalismo y a la nostalgia del socialismo titista: *cf.* Bougarel, Helms & Duijzings (2007), Kurtović (2011) y Kurtović & Hromadžić (2017). Sobre la manipulación de diferentes regímenes de "verdad", véase Claverie (2011).

6. La importancia de la adhesión de los diferentes componentes de una sociedad posconflicto a una normatividad reconocida por todos es bien demostrada por las contribuciones en Losonczy & Robin Azevedo (2016).

7. Por ejemplo en Grecia, *cf.* Stefatos & Kovras (2015).

8. Sobre estas cuestiones, véase Hartog & Revel (2001).

esta sociedad balcánica ha estado más bien ausente de la investigación sobre los reenterramientos y el tratamiento posconflicto de los restos humanos[9], ofrece sin embargo algunos ejemplos en este sentido[10]. En este artículo se yuxtaponen diferentes modalidades de tratamiento de los restos humanos a lo largo de secuencias temporales relativamente largas, que van desde unas pocas décadas hasta más de un siglo, posterior a la violencia de masas que acompañó a los cambios de régimen político y a una transformación radical de la sociedad.

Hablar de masacres en la Bulgaria postsocialista

Los ejemplos búlgaros que aquí se analizan presentan dos configuraciones de tratamiento político y memorial de los restos humanos –en particular, de los huesos– a lo largo de periodos medios (45-50 años) y largos (130 años). La primera se aplica a las ejecuciones sumarias cometidas por el régimen comunista en los años de su instauración y consolidación, es decir, entre septiembre/octubre de 1944 y principios de los años 1960[11]. Centrándonos en el periodo inicial, la búsqueda de los huesos de las masacres se llevó a cabo por iniciativa de los supervivientes o de descendientes directos de las víctimas. Nacidas de una voluntad de "recuperación de la memoria", las excavaciones no sistemáticas de fosas comunes en varios lugares[12] en busca de restos de víctimas del régimen comunista se realizaron principalmente en 1990. Aunque provocaron manifestaciones locales, no tuvieron el efecto esperado de onda expansiva a escala nacional. Hoy en día, la presencia de las víctimas del comunismo en la escena pública permanece modesta.

---

9. *Cf.* Verdery (1999, p. 3).

10. El estudio más ambicioso al día de hoy, Todorova (2009), tiene como punto de partida una investigación sobre la supuesta "pérdida" de los huesos de un héroe nacional. Véase también Luleva (1997) y Naxidou (2017).

11. Este amplio abanico cronológico incluye las ejecuciones extrajudiciales del día siguiente de la toma del poder por el Frente Popular búlgaro (el 09/09/1944), las ordenadas por el Tribunal del Pueblo (véase *infra* y la nota 24) entre diciembre de 1944 y mayo de 1945; las que fueron el resultado de los diferentes juicios de tipo estalinista ejecutados entre 1948 y 1953; y finalmente las practicadas en los campos comunistas, que dejaron de existir oficialmente en 1962.

12. Aparte de en los sitios de los campos de trabajos forzados más conocidos –cerca de Loveč en el centro-norte del país, y la isla de Belene, en el río Danubio–, es en el sudoeste del país, en la "Macedonia búlgara", donde se encuentran las fosas comunes excavadas.

La otra configuración consiste en el tratamiento de las masacres cometidas por los *otros* grupos religiosos y étnicos, comúnmente denominados "los turcos", en respuesta a las revueltas antiotomanas[13]. En particular, la insurrección búlgara de abril de 1876, pequeña sublevación a escala del Imperio Otomano, cuya sangrienta represión, plasmada en varias masacres locales, tuvo repercusión internacional[14]. Difundidas por la prensa, estas atrocidades suscitaron en Occidente una ola de emoción en torno a los "horrores búlgaros", favoreciendo una campaña antiotomana que desembocó en uno de los primeros llamamientos históricamente atestiguados en favor de una intervención humanitaria[15]. Estas masacres –especialmente la de la ciudad de Batak– constituyen la piedra angular del gran relato nacional búlgaro del largo periodo otomano, descrito como una serie de abusos y violencias. Mantenida entre memoria e historia, esta última fase del "periodo otomano"[16], marcada por revueltas y sublevaciones, está llena de una fuerte carga emocional. El tratamiento de estos huesos oscila entre los registros conmemorativos, museísticos y de la santidad, creando una forma de consenso nacional y una presencia altamente simbólica en el espacio público.

Digamos de entrada que la fórmula propuesta corre el riesgo de simplificar a ultranza una realidad compleja: la identificación de *nosotros* y de los *otros* es en sí misma objeto de acalorados debates, redefiniciones y réplicas, así como la definición de las masacres. Los *nuestros* y los *otros* se definen generalmente en función de su pertenencia a un grupo étnico-religioso, pero la alteridad puede abrazar las líneas de reparto político ("comunistas" vs. "fascistas") con la tendencia a etnicizar a los que pertenecen al bando contrario; volveremos sobre ello más adelante. Por otra parte, el uso del término "masacre" también es cuestionable. En la primera configuración, la palabra misma de "masacre" puede ser rebatida; su uso puede negociarse a escala local, regional o nacional (sólo

---

13. Tanto en Bulgaria como en Bosnia, las comunidades musulmanas que hunden sus raíces en la época de dominación del Imperio otomano (de finales del siglo XIV hasta mediados del siglo XV) fueron llamadas "turcos" hasta hace poco tiempo, ya sean turcófonos, gitanos rumanos o población local eslava convertida al islam. A pesar de las políticas implementadas para evitar el uso generalizado de "turcos" para referirse a los distintos grupos de musulmanes en las sociedades balcánicas, este término regresa en cada crisis identitaria.

14. El acontecimiento constituye el punto culminante de la "crisis de Oriente" de 1876: *cf.* Rodogno (2011, pp. 147-151).

15. Véase Heraclides & Dialla (2015); Rodogno (2011, pp. 151-155).

16. Fase que oscila, según las regiones, entre los años 1820/1830 y 1878, pudiendo ir hasta 1912.

esta última se considera como competencia del Estado). En la segunda configuración, se trata de una masacre autentificada a escala internacional, establecida como precedente de la "intervención humanitaria" del Occidente cristiano en el Oriente "bárbaro". Ponerla en tela de juicio de cualquier manera (incluso intentando reducir el número de muertos) es calificada de negacionismo, con la referencia implícita a la Shoah que este tipo de reacciones comporta.

La trayectoria que me propongo explorar abarca desde la aparición hasta la transformación de la corporeidad de las víctimas de masacres en la larga vida social y política de estos cadáveres: de la ocultación hacia su puesta al descubierto y su inserción en el espacio público, en el primer caso; de la presencia confinada en el espacio museístico a la presencia en el espacio público y la santificación en el segundo. Tras una visión de conjunto, la primera configuración será examinada a partir de dos casos estudiados *in situ*. La segunda será analizada a partir de una etnografía hecha a partir de entrevistas y contextualizada en relación con el entorno mediático en constante evolución.

Los huesos presentes de las masacres comunistas

El cambio de régimen político y la transformación de la sociedad búlgara comenzaron con la destitución del líder comunista búlgaro el 10 de noviembre de 1989. El despliegue de este proceso durante los meses que siguieron se expresó en una liberación de la palabra, tanto escrita como proferida en un lugar público, y la aparición de memorias silenciadas durante décadas. La publicación y la circulación de relatos del "Gulag búlgaro" así como de la recapitulación de testimonios de supervivientes de las persecuciones[17] contra los "esbirros de los fascistas" o contra la "*intelligentsia* burguesa", e incluso la publicación y difusión de relatos de antiguos comunistas que se habían convertido en "víctimas de los suyos", dieron origen a una nueva publicidad en el sentido habermasiano del término. En esta arena discursiva en la que las nociones sacralizadas en la Bulgaria socialista son criticadas y desmenuzadas, el trabajo de memoria continúa en paralelo con la deconstrucción de la historiografía socialista y la recalificación de las categorías de comunismo, capitalismo y fascismo[18]. La revelación a la opinión pública de los crímenes

---

17. Para esta producción memorial véase Popescu-Sandu (2009-2010), Todorov & Zarecki (1999).

18. Por ejemplo el debate sobre el fascismo en Bulgaria (¿el régimen político búlgaro entre 1934 y 1944 es un "régimen fascista"?) y la recalificación de las "víctimas comunistas" en "terroristas"; véase Naxidou (2017).

del régimen impone la reescritura de la historia (tanto en los manuales escolares como en la investigación académica) que, durante décadas, se concibió con el espíritu de una teleología comunista.

Es en esta situación cuando en 1990 se realizaron unas exhumaciones en algunos sitios designados como lugares de ejecuciones sumarias en los primeros meses tras el "golpe de Estado del 9 de septiembre de 1944", denominación ahora popular del advenimiento del régimen comunista. La información sobre estas excavaciones procede principalmente de la prensa anticomunista y sus resultados son a menudo controvertidos[19]. La mayoría de estas exhumaciones es el resultado de iniciativas locales, llevadas a cabo precipitadamente y sin recurrir a especialistas *forensic*. Se basan en indicaciones de la memoria viva y son dirigidas por próximos o descendientes de las víctimas, con la ayuda de organizaciones anticomunistas. Las excavaciones más seguidas tuvieron lugar cerca de Bansko, ciudad emblemática en muchos aspectos. Las imágenes del oficio memorial ortodoxo celebrado tras la apertura de una fosa común cerca de la ciudad son muy representativas[20].

El primer esfuerzo de coordinación nacional de este proceso fue desplegado por la coalición anticomunista de la Unión de Fuerzas Democráticas (UFD), principal fuerza impulsora del cambio político, desde los primeros meses de 1990. Continuó bajo el gobierno de la UFD (1991-92), para quien la instauración de la democracia debía pasar por la denuncia de las atrocidades comunistas y la memoria de las mismas. La primera acción relevante de este esfuerzo fue la creación de un mapa de Bulgaria (abril de 1990) en el que decenas de calaveras marcaban la ubicación de campos de trabajos forzados[21] y lugares conocidos de ejecuciones extra-

---

19. La principal fuente de información fue el diario *Demokracija*, órgano de la principal fuerza anticomunista, la UFD. Los informes de las exhumaciones de las víctimas "tras el Nueve [de septiembre de 1944]" son puestos en tela de juicio por el periódico *Duma*, órgano del PC, rebautizado como Partido Socialista, que los opone sistemáticamente a las "masacres de antes del Nueve [de septiembre de 1944]" –correspondiente a la época del "fascismo". Los órganos de prensa de los dos partidos libran a una verdadera batalla en torno de los huesos: *cf.* Deyanov (1992, pp. 59-63).

20. Celebrada como la cuna del Despertar nacional búlgaro, la ciudad está asociada a las acciones de los combatientes por una Macedonia autónoma a principios del siglo XX, a una comunidad protestante nacida en la misma época y a un fuerte movimiento de resistencia antifascista a partir de 1941. En el documental se incluyen imágenes del oficio conmemorativo, tras la exhumación de los huesos de unos cuarenta asesinados.

21. En el contexto de la Bulgaria comunista, se habla de campos de "reeducación por el trabajo" [*trudovo-izpravitelen lager*], de los que el más importante es el de Belene: véase Koleva (2012, pp. 2-5).

MATERIAS INESTABLES

judiciales. Se trataba de un trabajo a la vez memorial y material, en el que la colecta de relatos de las atrocidades iba de la mano de la búsqueda de fosas comunes. El marco jurídico que sanciona estas prácticas se elabora sobre la marcha: tras una ley para la rehabilitación de las personas que sufrieron la represión comunista aprobada en junio de 1991[22], no es sin embargo hasta abril de 2000 cuando se aprueba la que hace las veces de ley memorial. La aplicación de esta última, que ni siquiera menciona las exhumaciones, sigue estando escasamente regulada.

Treinta años después del cambio político, se constata que estas dos modalidades de *excavaciones* han evolucionado según lógicas diferentes, con resultados variables. Las *excavaciones memoriales*, ampliamente publicitadas, permitieron la apropiación de un volumen sustancial de "memoria prohibida" bajo el régimen comunista. Las *exhumaciones*, en cambio, se quedaron en nada: los restos humanos exhumados en 1990 recibieron escasa visibilidad pública y su situación jurídica sigue siendo, en el mejor de los casos, incierta. La Ley de 2000[23] no resuelve el estatuto de las víctimas que sobrevivieron a las exacciones (muchas de las cuales seguían vivas en los años 90), y menos aun el de los restos humanos de las víctimas de ejecuciones extrajudiciales o muertas en los campos, a menudo como consecuencia de torturas. El único texto que les concierne, el artículo 4, las coloca en un plano de valorización moral de su acción: "Todas las acciones de las personas que, durante el susodicho periodo, han sido dirigidas contra el régimen, para resistirse a él o para oponerse al régimen y su ideología, son justas, moralmente justificadas y dignas de respeto". Invita a considerar estas personas como héroes o mártires, sin precisar las medidas concretas para reconocerle un estatus específico. La Ley hace hincapié en la condena de las prácticas de las instancias del régimen instaurado el 9 de septiembre de 1944, en primer lugar el Tribunal del Pueblo (en adelante *TP*)[24], cualificándolas

---

22. Alias *Zakon za represiranite*: cf. *JO* [Sofia] n° 50, 25 de junio de 1991. Sobre su alcance y las acciones judiciales –ya sea reparadora o punitiva– que dicha ley a permitido, véase Luleva (1997, pp. 130-135).

23. "Ley para estigmatizar el régimen comunista en Bulgaria como régimen criminal" (*JO* [Sofia] n° 37, 5 de mayo del 2000). Muchos artículos de esta ley retoman las fórmulas nacionalistas y sostienen posiciones sobre los "valores europeos" (art. 2.1, 2.7) entrando en conflicto con las formulaciones de la UE. Adoptada con una corta mayoría, esta ley no constituye una base consensual para el tratamiento de las víctimas del régimen comunista.

24. Instancia judicial extraordinaria implantada al día siguiente del golpe de estado comunista (9/09/1944) para constatar la responsabilidad y castigar a los hombres políticos que formaron parte del "régimen monárquico-fascista búlgaro"

de "actividades criminales". Se trata de una recalificación mayor, que exige la criminalización en bloque de las sentencias políticas dictadas después de esa fecha y que afecta a la jerarquía superior de los partidos políticos democráticos, pero también a los círculos monárquicos, a grupos de tendencia abiertamente fascista (Bulgaria se había posicionado del lado del Eje) y a las organizaciones ultranacionalistas próximas a los ambientes fascistoides. Esta condena general no estuvo exenta de resistencias. Aunque la historia del TP dio lugar a la conmemoración del Día de las Víctimas del Comunismo –el 1° de febrero[25]–, esta suele ser poco seguida.

El único sitio memorial de alcance nacional es el *Memorial a las Víctimas del comunismo* creado a mediados de los años 90[26]. Situado en el corazón de la capital, Sofía, el Memorial consta de un muro de mármol negro, con una cruz votiva "tradicional"[27] de piedra y una pequeña capilla ortodoxa dedicada a "Todos los mártires búlgaros". En el muro figuran los nombres de más de 7.500 víctimas: algunos espacios dejados vacíos tras puntos suspensivos, sugieren que pueden añadirse otros nombres a medida que progrese la identificación de las víctimas. Los nombres inscritos en el muro evocan que entre ellos también hay musulmanes y judíos, lo que expresa la intención de honrar a las víctimas del comunismo en toda su diversidad étnica y religiosa. Sin embargo, la cruz y la capilla superponen las marcas de una conmemoración concebida según

---

que "llevó al país al borde de la III³ catástrofe nacional" (este último término se refiere a la participación de Bulgaria a la Segunda Guerra Mundial del lado de la Alemania nazi). Creado por decreto el 30 de septiembre de 1944, el TP, considerado como el "primer órgano del terror rojo", funcionó entre diciembre de 1944 y abril de 1945. Paralelamente al Tribunal central los tribunales fueron constituidos al nivel de las regiones y los departamentos, para juzgar las actividades de "esbirros de la burguesía, de la monarquía y del fascismo". La actividad del TP, a todos los niveles, se mide en más de 9.000 condenas, de las cuales 2.730 penas capitales.

25. Fecha elegida en función de las actividades del Tribunal del Pueblo. Fue el 1/02/1945 cuando pronunció el mayor número de condenas a muerte de políticos en una sola jornada: 67 diputados de la última Asamblea Nacional, entre los cuales había tres ex primer ministros.

26. Continuando con la iniciativa de un centenar de personalidades políticas e intelectuales búlgaras, la construcción de un memorial "a las víctimas de las actividades terroristas del PCB antes del 9 de septiembre de 1994 o durante el régimen comunista totalitario, de 1844 a 1989", es aprobada por la municipalidad de Sofía a finales de 1994 y ejecutada en 1995: <http://pametbg.com/index.php/bg/mesta-na-pamet/memoriali-pametnici> (consultado el 5/ 01/2019).

27. Tipo de cruz votiva muy extendida en el noroeste y centro-oeste de Bulgaria, en el que su instalación y mantenimiento suele estar unido a un patrilinaje.

la gramática ritual ortodoxa: la capilla es el único espacio en el que está presente (intermitentemente) un interlocutor y en el que se da información sobre las víctimas. El mensaje que emana de este lugar, desde los nombres inscritos en la pared hasta el plano visual, abunda en la idea del *martirio* en el sentido cristiano del término. En términos más generales, son las instituciones religiosas –la Iglesia Ortodoxa Búlgara (IOB) y las estructuras locales de las Iglesias Católica[28] y Uniata– las que constituyen el único espacio institucional donde se evoca y mantiene la memoria de las víctimas del comunismo.

Sin embargo, sería un error no tomar en consideración el espacio virtual: multitud de sitios y foros de Internet están dedicados a la memoria de estas víctimas[29]. En dichos sitios, cuyo estudio aún queda por hacer, la palabra liberada mezcla recuerdos de sufrimiento y de tratos inhumanos soportados en los campos con acusaciones directas y diatribas anticomunistas. Se observa en particular la tendencia a presentar a los "comunistas" como personajes violentos, incluso sádicos. Los torturadores de las cárceles y los campos son descritos con el mismo vocabulario que, en la Bulgaria socialista, se reservaba a los nazis y los campos nazis. Es más, están asociados a dos grupos étnicos emblemáticos del *otro*: los judíos o los gitanos[30]. La esencialización del "comunista" en el registro de la bestialidad y el resurgimiento del léxico típico de los años cuarenta van acompañados de la asignación del adversario político al registro étnico percibido como denigrante: el gitano, así como al registro étnico y religioso a la vez: el judío. A contracorriente de la celebración del salvamento de los judíos de Bulgaria durante la Segunda Guerra Mundial[31], la asimilación entre "judíos" y "comunistas" sigue una pauta

---

28. Los católicos búlgaros, al constituir una minoría religiosa numéricamente pequeña, fueron mucho más intensamente afectados por las persecuciones antirreligiosas que los ortodoxos. Celebrado como mártir del comunismo, el sacerdote Evgeni Bossilkov, oriundo de Belene –pueblo cuyo nombre se asocia al más siniestro campo comunista–, fue beatificado en 1998 por el Papa Juan Pablo II.

29. Una parte de estos sitios son creados a iniciativa o con la ayuda de programas y agencias implicadas en la *democracy-building* en los Balcanes desde los años 90: *cf.* <http://www.bulgaria1944-1989.eu> (Konrad-Adenauer Stiftung); <http://pametbg.com/index.php/bg/mesta-na-pamet/memoriali-pametnici/23-2015-11-20-22-17-49> (misma fundación, desde 2015).

30. Pueden encontrarse muchos relatos en este sentido en el sitio <http://www.extremecentrepoint.com/archives/14230>.

31. Véase Todorov (1999). Este es uno de los pocos puntos que comparten las élites políticas búlgaras, de todos los partidos, que se sucedieron en la década de 1990. Sin embargo, este salvamento debe matizarse: sólo se refería a los

que apareció en el periodo de entreguerras e introduce subrepticiamente la configuración de *mártires de los otros* en la memoria de las violencias del comunismo.

Un *cadavre exquis:* la no exhumación del padre Evstati

El segundo ejemplo se refiere a los restos de un sacerdote ortodoxo que fue mártir del comunismo y en torno al que se ha establecido un culto local, cuya exhumación sigue siendo hoy en día controvertida. Se trata del padre Evstati de C, ciudad situada en los montes Ródope (región limítrofe con Grecia, con un alto porcentaje de población musulmana), que prestó servicio en la misma parroquia desde 1915 hasta su muerte en 1952. El padre Evstati murió en el hospital provincial a consecuencia de un interrogatorio de la policía efectuado en la capital de la provincia. Su sepultura es conocida por todos: sus huesos reposan en el patio de la iglesia donde sirvió durante toda su vida, donde sólo los sacerdotes pueden ser enterrados. Su nombre ocupa un lugar destacado en los escritos sobre las víctimas del comunismo, y en 2001 se estrenó un docuficción sobre su vida y muerte. De los religiosos desaparecidos en trágicas circunstancias después de 1944, se encuentra entre las figuras más consensuadas para su santificación por la IOB.

Se reconoce fácilmente la representación del sacerdote entre los frescos interiores de tres de las capillas que dominan la ciudad de C, construidas en los años 90. Siempre aparece en el registro de los santos mediadores, junto a los santos curanderos populares y a los que "socorren" a las personas en dificultad (la pareja de santos Cosme y Damián; San Parasceva/Petka). A pesar del esfuerzo realizado para respetar los cánones de la iconografía ortodoxa, su aspecto (el rostro ostentando unas gafas) lo distingue de los demás santos: inmediatamente reconocible por los lugareños que relacionan el icono con la fotografía de su lápida, su imagen despierta la curiosidad de los foráneos. Interesada por lo que parecía ser una santificación espontánea desde abajo, comencé a investigar su lógica. Las respuestas de los locales revelaron tres razones principales: era "uno de los nuestros"; vivió "siempre a la escucha" y murió "como un santo"; "la gente de todas las creencias le quería". Algunos de mis interlocutores sabían que se estaban dando pasos hacia su canonización;

---

judíos del antiguo Reino de Bulgaria, ya que los de las zonas de ocupación búlgaras en Grecia y Serbia fueron entregados a los nazis. Sobre estos hechos y las controversias en torno a la memoria, véase Ragaru (2020).

otros le prestaban poca atención, convencidos de que la santidad era una cualidad intrínseca al "martirio" que padeció el padre Evstati.

Con todos los elementos a favor de una exhumación adecuada para celebrar a un mártir del comunismo, me sorprendió saber que sus descendientes más cercanos –especialmente su hija, que tenía más de 92 años en el momento de la última entrevista (agosto de 2018)– se negaban a dar su consentimiento a la exhumación de los restos del padre Evstati. Las razones de esta negativa a la exhumación están vinculadas a lo que está en juego en su santificación. Sobre el terreno, he podido observar dos discursos diferentes a favor de esta, cada uno basado en una lógica y unas formulaciones diferentes. Por un lado, el de un santo que fue "mártir de la violencia de los comunistas contra su pueblo", defendido por una asociación de víctimas del comunismo, destacaba un argumento político. Por el otro, el discurso tenido por religiosos y militantes laicos de la Iglesia Ortodoxa, y combinada con el saber común sobre la santificación en sentido estricto, utilizaba un vocabulario más neutro, presentando la santificación del padre Evstati menos como un acto de justicia política que como la culminación de una trayectoria de ejemplaridad[32] al servicio del pueblo.

Si finalmente hay santificación, los restos del padre Evstati podrían ser tratados de dos formas diferentes. Si es proclamado "víctima de la persecución comunista", su destino póstumo estaría asociado al Memorial Nacional. En el caso de una canonización en sentido estricto, por la Iglesia Ortodoxa, la exhumación sería el preludio del examen del "cadáver" de 66 años de antigüedad desde la perspectiva de la prueba de santidad. Ahora bien, tal examen sería un desafío a la corporeidad del cadáver normal, por decirlo de alguna manera, reducido a huesos después de un periodo tan largo: ¿habría que esperar, como especulaban mis interlocutores, encontrar al padre Evstati en su carne incorruptible y desprendiendo un "olor a santidad"? Y si no sucede esto, ¿no estaríamos destruyendo una reputación de santidad que ya estaba bien encaminada. En efecto, los relatos que circulan sobre la muerte del padre Evstati hacen hincapié en los signos de santidad que aparecieron nada más morir. Según el relato autorizado, el sacerdote-mártir habría soltado su último aliento en la medianoche de la noche de Pascua[33] (ortodoxa) de 1952, en el hospital de la ciudad de A, en presencia de una sola persona, un pomaco (musulmán de lengua búlgara) que, a petición suya, habría

---

32. Terminología prestada de Centlivres & Losonczy (2001).

33. Según la creencia popular de los ortodoxos balcánicos, las personas que se mueren el día de Pascua son "almas puras" que "van directamente al Paraíso".

leído en voz alta el padrenuestro en el último momento de su vida. El mismo musulmán anónimo, o quizás "una enfermera" pomaca, es presentado(a) en la posición del que atestigua un primer milagro: "tan pronto como entregó el alma, el cuerpo del padre Evstati comenzó a exhalar un olor agradable". Una canonización en debida forma por parte de la IOB correría el riesgo de dañar el sistema de reconocimiento de la santidad desde abajo –un sistema forjado por una combinación de criterios formales y de cualidades apreciadas por la comunidad local, en vigor desde hace décadas, incluso siglos. Un elemento central de este sistema es el lugar que otorga al *otro religioso* como atestiguador, o "prueba por el otro" (Aubin-Boltanski, 2008, pp. 19-21): llevar al *otro* religioso –el musulmán– a ser testigo de un milagro (aparición, visión) con una figura santa del cristianismo, para que atestigüe su realidad o veracidad. Aquí, el milagro técnico, que se supone que se produce cuando se exhuma un cuerpo sagrado, tiene lugar en el momento de la muerte: el relato da la vuelta a la situación, como una anticipación a la prueba definitiva de la santidad del padre Evstati. La prueba aportada por el *otro* próximo –el que vive al lado y habla la misma lengua, pero permanece musulmán, y al que nadie piensa convertir a su propia religión[34]– es tanto más valioso para la familia y los amigos del padre Evstati cuanto que se inscribe en el contexto actual, difícil para la mezcla interreligiosa y la convivencia entre cristianos y musulmanes. La canonización formal del antiguo sacerdote correría el riesgo de privar a la comunidad local de una figura consensual para cristianos y musulmanes, capaz de cimentar el frágil lazo de unión entre los dos grupos religiosos.

Los restos museificados y santificados

En abril de 2007, los medios búlgaros se irritaron por el tratamiento supuestamente degradante de los restos humanos conservados de la masacre otomana de 1876 de civiles cristianos reunidos en la antigua iglesia del pueblo de Batak. El escándalo mediático estalló en torno a un

---

34. Este punto es importante: como subraya Aubin-Boltanski (2008), la no conversión del *otro* es *la* condición *sine qua non* para que esté en posición de atestiguar. Esta condición estructural de alteridad religiosa inalterable, por decirlo así, sigue siendo un tema muy sensible en la región, donde las campañas de conversión forzosa (1912-13) se han alternado con incitaciones a la conversión voluntaria (años 30, 90) de los pomacos a la ortodoxia. El padre Evstati es uno de los pocos sacerdotes de la región cuyo nombre no está asociado a estas campañas.

MATERIAS INESTABLES

proyecto científico, "El mito *Batak*"[35], destinado a superar el martirologio nacional(ista) construido en torno a los huesos de varios miles de víctimas del aplastamiento local de esta revuelta. Estos huesos, conservados en la cripta-museo de la citada iglesia, tienen una larga vida social como "prueba de la masacre" y como soporte de la memoria colectiva, tanto local como nacional. En torno a estas dos funciones se estabilizó el tratamiento memorial de estos huesos en las primeras décadas del siglo XX. Su interpretación permaneció inalterada durante el periodo socialista, cuando se expusieron en el marco de la iglesia museificada, mientras que los objetos que se creía que habían pertenecido a la población local de la época (piezas de ropa, pertenencias personales) integraron la exposición del museo histórico contiguo a la iglesia.

El proyecto en cuestión se proponía, una vez deconstruido este "mito nacional", la presentación de una exposición titulada "Batak como lugar de memoria" y la celebración de una conferencia internacional el 17 de mayo de 2007 (fecha de la conmemoración anual, totalmente laica, de la masacre). Asimismo pretendía lanzar un debate transversal sobre "la masacre de Batak en 1876", un acontecimiento clave en la gran narrativa nacional, proponiendo explorar la construcción de una memoria del sufrimiento (y las reivindicaciones) en torno a los huesos de las víctimas y, más en general, el carácter icónico de los restos humanos. Considerada negacionista (una negación de la propia masacre) por cierta élite política, la propuesta suscitó una oleada de reacciones negativas y extremadamente apasionadas: pronto se habló del "*affaire* Batak".

El escándalo, convertido en un *affaire*, desencadenó una verdadera histeria nacionalista que pronto lo convirtió en una "gran causa"[36]: ante todo una causa nacional, y después una causa de santificación. Esta última se cristalizó en la demanda de santificación de esos restos humanos –demanda emanada de un entorno político heteróclito, tras un debate parlamentario y una propuesta legislativa fallida, servida por los medios de comunicación (programas de televisión conducidos por historiadores nacionalistas) y las asociaciones de la ciudad en cuestión. Sin embargo,

---

35. El proyecto fue llevado por un historiador alemán, Ulf Brunnbauer, y una doctoranda búlgara en historia del arte de la Universidad Libre de Berlín, Martina Baleva. Sobre los protagonistas y el contexto, véase Ragaru (2008).

36. Esta reelaboración, casi al pie de la letra, del título de una famosa obra colectiva –Boltanski, Claverie, Offenstadt & Van Damme (2007)– no es un efecto buscado, sino un intento de trazar la lógica particular de este caso en el que "el escándalo" (orquestado por los medios de comunicación) y el "affaire" sí siguen la lógica trazada por estos autores, pero no se corresponden con las definiciones sociológicas de estas nociones (especialmente la definición de *affaire*).

la santificación ya era un hecho: en mayo de 2006, la pequeña Iglesia de los Viejos Calendaristas –materialización de una corriente ortodoxa tradicionalista que desafiaba a la IOB– adquirió un ramillete de nuevos santos, los "mártires de Batak". Un año después del inicio del escándalo, en abril de 2008, la IOB abrió el procedimiento de canonización de los "mártires de Batak", fingiendo desconocer su reciente canonización por parte de su rival. Este se completó tres años después: los días 16 y 17 de mayo es la doble fecha de la conmemoración por la IOB de los Mártires de Batak, junto con otro grupo de mártires, formado por monjas que murieron en otro lugar durante la represión de la misma revuelta en 1876. En el espacio de cinco años, dos Iglesias ortodoxas han santificado debidamente a los "mártires de Batak". Desde 2011, cada 17 de mayo se celebra su memoria con suntuosos oficios religiosos y mítines políticos.

Con la canonización de los "mártires de Batak" por la IOB, el estatus de los huesos, cuyo tratamiento desde la época de la masacre ha conocido vicisitudes diversas[37], se ha transformado definitivamente: ahora se habla de *reliquias*. Tras haber sido sometidos a un tratamiento ritual del tipo de una segunda inhumación[38], y posteriormente conservados en un museo, los huesos se convirtieron en la encrucijada de varias formas de corporeidad: la canonización de los mártires fue acompañada de procedimientos destinados a recrear a personas reales "de carne y hueso", sacar a "las víctimas" del anonimato mediante la restitución de sus nombres, pero también dándoles rostros y un cuerpo que pudiera ser representado. Esta doble tarea fue llevada a cabo por primera vez por la Iglesia de Viejos Calendaristas, que publicó la *Vida de los mártires de Batak* en 2006 (y la difundió en formato electrónico a partir de 2007). El reto de la restitución de la identidad de los mártires se superó trabajando en los archivos, en colaboración con especialistas locales[39]: se rescataron del olvido decenas de nombres de víctimas y se incluyeron, en forma de lista, en la *acolouthia* que se lee en la iglesia durante los oficios conmemorativos. El otro aspecto de esta labor se lleva a cabo a través de la

---

37. Documentados por las escasas fotos de la última década del siglo XIX y de principios del XX, en las que se ven huesos dispersados, cubriendo el suelo de la iglesia, pero también una pirámide de huesos humanos.

38. "Segunda inhumación" es el término utilizado para designar el reenterramiento ritual de los huesos de los difuntos en las culturas cristiano-ortodoxas de los Balcanes que marca el final de la ritualidad morturaria y, en cierta medida, el fin del duelo.

39. Aparte de los textos de los rezos y la *acolouthia* del servicio litúrgico, esta hagiografía presenta varias de las características propias de la obra histórica de vulgarización, un género muy popular en la Bulgaria socialista.

iconografía: cada santo ortodoxo debe estar representado en un icono. Dos hechos dan una idea clara de los procedimientos de selección y de las manipulaciones, tanto materiales como memoriales, que acompañan este cambio de estatuto de los huesos.

N.T., fotógrafo profesional que pertenece a la Iglesia de los Viejos Calendaristas, me habla de su implicación en la búsqueda y selección de imágenes "auténticas" para utilizarlas como ilustraciones en la *Vida de los mártires de Batak*. Casi todas las imágenes son posteriores a la época de los hechos, lo que no supone ningún problema para él. Más que mostrar los rostros de las víctimas (las pocas imágenes de notables locales víctimas de la masacre son conocidas desde hace mucho tiempo), se trataba de aportar pruebas del ambiente y del estilo de vida pacífico y respetable (actividades y trabajo en el día a día) de una comunidad próspera para su época. Vemos a hombres cuyos atuendos de notables indica su estatus social, flanqueados por sus esposas, de destacada dignidad, y por una numerosa progenitura. Para autentificar el carácter "étnicamente búlgaro" de los personajes, la indumentaria femenina es realzada: los delantales a rayas de las mujeres y niñas que aparecen en las fotos son retomados en la iconografía oficial de los mártires de Batak.

Esta labor de restitución de la identidad y de los cuerpos de las personas masacradas no está exenta de algunos problemas para el personal del museo local. En el verano de 2007, pocos meses después de que estallara el "escándalo Batak", el museo estaba en una profunda reestructuración: amputado de su "mitad" religiosa –musealizada durante décadas, la iglesia donde tuvo lugar la masacre acababa de ser devuelta a la Iglesia–, le estaba costando asumirse como espacio laico. El icono de los "Mártires de Batak" preside el vestíbulo de entrada, recordando el vínculo indefectible que existe localmente entre iglesia y museo. El cierre de una parte de la exposición permanente plantea interrogantes, tanto a los visitantes como al etnógrafo: ¿por qué negar el acceso a las vitrinas dedicadas al periodo de "gloria y sufrimiento" –periodo clave que justificó la creación del museo? La respuesta evasiva de las conservadoras muestra lo difícil que es decidir el estatus museístico de ciertos objetos, en particular los identificados –y expuestos durante décadas– con el nombre de "efectos personales" de los residentes locales del periodo del Renacimiento Nacional. Si las víctimas de la masacre de Batak son erigidas en santos, ¿no podía ser que los efectos personales atribuidos a los habitantes que vivieron en la ciudad en 1876 se conviertan, por la misma lógica, en "reliquias secundarias"? Tres meses después de la primera santificación por la Iglesia de los Viejos Calendaristas, el paso de "víctimas de las atrocidades turcas" a "santos ortodoxos" había afectado profundamente a la relación con la huella material de la existencia de estas personas.

Cadáveres "mártires de los otros": memoria, historia, normatividad(es)

Los ejemplos que se acaban de examinar muestran lo difícil que es distinguir entre las masacres cometidas por los "nuestros" y por "los otros". Las dos configuraciones inicialmente planteadas son bien palpables, pero los límites entre ellas siguen siendo difusos. Resisten a la tentación de esencializar los papeles sociopolíticos, de producir una dicotomía: si al principio del análisis parecía evidente que los cadáveres de la primera configuración eran ante todo víctimas de conflictos de naturaleza política, internos a una sociedad que no reconoce (o que apenas reconoce) a los *otros* en su seno, la tendencia a encontrar detrás de los enemigos políticos a los *otros* étnicos o religiosos es igualmente palpable. Esta tendencia comienza a imponerse a medida que el trabajo de memoria suscita una reescritura de la historia –y esto tanto más fácilmente cuando se dispone de más de un *otro*. Las cristalizaciones de la alteridad desarrolladas por la historiografía y validadas por el uso común están listas para recibir contenidos diacríticos que condenar o estigmatizar según la economía moral dominante en la sociedad, o en un sector de la sociedad, en un momento dado de su existencia histórica[40].

Un aspecto de la cuestión es la disponibilidad de *otros* sobre los que hacer recaer en última instancia la agentividad moralmente condenable, que en este caso son los actos que desembocan en una masacre. Otro aspecto es la dificultad de identificar o imponer una –y sólo una– normatividad efectiva en cuanto al tratamiento de restos humanos, ya sean fruto de un hallazgo fortuito o de trabajos realizados intencionadamente para revelar las huellas de una masacre. "Toparse con huesos" humanos durante los trabajos del campo o de la construcción dista mucho de ser un acontecimiento extraordinario y las culturas ortodoxas balcánicas (en particular en el contexto post-otomano) han desarrollado una gramática político-religiosa particular del tratamiento de los huesos humanos que son hallados fortuitamente. Según esta gramática, a falta de una memoria

---

40. Amplío la categoría de economía moral siguiendo la propuesta del antropólogo británico C. Hann, citado en Palomera & Vetta (2016, p. 426): "if moral economy is a nexus of beliefs, practices and emotions among the folk, rather than an analytic concept designed to register only those beliefs, practices and emotions that the observer considers to be progressive, then we must conclude that even the reactionary right is entitled to its moral economy".

viva de los predecesores o de un yacimiento antiguo, la interpretación-e-identificación dependen a menudo de clichés nacionalistas sobre el pasado otomano y la persecución de los cristianos por el islam dominante. La antropóloga suiza que ha estudiado a los "santos nacidos de los sueños" de la isla de Lesbos (Rey, 2008) desentraña esta lógica y muestra cómo el proceso de restitución de identidad –de *la* identidad de unos huesos humanos hallados durante unas obras en el patio de una casa de refugiados griegos de Asia Menor– se transforma, con ayuda de sueños y visiones, en la invención de unos mártires cristianos de la época otomana, los santos Rafail e Irini, hoy venerados en todo el mundo ortodoxo.

Los ejemplos búlgaros han permitido explorar en paralelo dos registros: el de las excavaciones de las víctimas del comunismo, por un lado, y el del martirologio nacional(ista), por otro. Este último presenta varias similitudes de funcionamiento con otras culturas ortodoxas posotomanas: un caso muy semejante lo constituye el tratamiento de las víctimas de la división de Chipre en 1974 (víctimas griegas y turcas) como "ethnic martyrs" (Sant-Cassia, 1998-1999). El particular contexto regional de los años noventa –la desaparición de la Yugoslavia titista, las guerras de Bosnia y de Kosovo, la emergencia de una polémica en torno del nombre de Macedonia– exacerbó las reacciones, al tiempo que borraba las fronteras entre las dos configuraciones iniciales. Invita a reconsiderar las modalidades del "descubrimiento" de los restos humanos, los actores implicados en la búsqueda e identificación de las víctimas de masacres, y a interrogarse más detenidamente sobre el efecto que producen estos descubrimientos y el significado que les da la sociedad concernida[41]. Igualmente debemos reconsiderar los diferentes tipos de normatividad que se aplican a los restos humanos en periodos de posconflicto, desde las normas locales hasta las transnacionales, y su posible imbricación.

Al hablar de la normatividad en el tratamiento de las víctimas de la violencia de masas, establecida y promovida a escala internacional, conviene distinguir sus aspectos jurídicos de su aspecto moral. Una normatividad *anti/post-comunista* se instaló muy pronto, en los años noventa, para acompañar la transformación del régimen, o la "transición a la democracia": dicho sistema normativo desplegó una justicia a la vez punitiva y reparadora (Borneman, 1997) que, en el caso búlgaro, permitió que la profunda transformación de lo político llegara bastante lejos, antes del retroceso que se observó allí y en toda la Europa postcomunista (*ibid*, p. 9) a mediados de los años noventa. Al mismo tiempo, en consonancia

---

41. Estas preguntas retoman algunos puntos del programa propuesto por Anstett (2013, p. 132).

con la idea de que el nacionalismo sería el "último refugio de los regímenes totalitarios", se puso en marcha una *normatividad antinacionalista*, una especie de pedagogía internacional destinada a combatir el "despertar de los nacionalismos en el Este". Desarrolladas por agencias y actores internacionales percibidos como el Occidente global, estas dos normatividades se fusionaron gradualmente. Se consideraron impuestas desde arriba, con mayor o menor éxito, y sólo fueron adoptadas por una parte de los actores locales, los cuales promovieron una "política de cadáveres", mientras que los otros las impugnaron o simplemente las eludieron.

Como muestra de forma convincente Verdery (1999, pp. 112-13), una política de los cadáveres que implique la búsqueda (y el juicio) de responsabilidades está necesariamente vinculada a la cuestión de los antepasados y los reentierros y a la reconstrucción de la comunidad nacional a través de la reescritura de la historia. Lo que nos lleva de nuevo a la constatación que indicábamos al principio: es la imbricación, e incluso la simbiosis, entre el trabajo de la memoria y el trabajo de la historia lo que abre la posibilidad del paso de los "mártires de los nuestros" a los "mártires de los otros", como si el cuerpo nacional búlgaro quisiera ocultarse a sí mismo su propio desgarramiento. Verdery (1999, p. 108) observa que las reinhumaciones sirven para crear una comunidad, así como para reordenarla: volver a enterrar los huesos de las víctimas de masacres requiere que toda la cadena –desde la identificación de las víctimas hasta la responsabilidad y la justicia punitiva– sea explorada y cerrada de nuevo. En los casos examinados, las cadenas nunca se exploran de principio a fin, lo que explica que se mantengan diferentes lógicas de tratamiento de los restos humanos. Por último, este estudio también plantea una pregunta incómoda: ¿son todas las víctimas de masacres iguales a los ojos de un grupo (étnico o religioso) o comunidad (local o nacional)? La distinción que se hace implícita o explícitamente entre las masacres de los "nuestros" y las cometidas por los "otros" es algo que no dejará nunca de interpelarnos.

Referencias bibliográficas

Anstett, E. (2013). Des Cadavres en masse, *Techniques & Culture* [En línea], 60, 126-143, consultado el 03 de enero de 2017. http://tc.revues.org/6909; DOI: 10.4000/tc.6909

Aubin-Boltanski, E. (2008). La Vierge, les chrétiens, les musulmans et la nation, *Terrain* 51, consultado el 4 de enero de 2013, http://terrain.revues.org/10943

Bečirević, E. (2014). *Genocide on the Drina River*. New Haven & London, Yale University Press.

Boltanski, L.; Claverie, E.; Offenstadt, N. & Van Damme, S. (Eds.) (2007). *Affaires, Scandales et grandes causes: de Socrate à Pinochet.* París, Stock.

Borneman, J. (1997). *Settling Accounts. Violence, Justice, and Accountability in Postsocialist Europe.* Princeton, Princeton University Press.

Bougarel, X.; Helms, E. & Duijzings, G. (2007). *The New Bosnian Mosaic: Identities, Memories and Moral Claims in a Post-war Society.* Ashgate, Aldershot.

Centlivres, P. & Losonczy, A.-M. (2001). Introduction, *en* Centlivres, P. (Ed.) *Saints, Sainteté* et *martyrs. La fabrication de l'exemplarité* (7-14). Institut d'Ethnologie, Neuchâtel / Éditions de la MSH, París.

Claverie, E. (2011). Réapparaître. Retrouver les corps des personnes disparues pendant la guerre en Bosnie, *Raisons Politiques,* n° 41, 1, 13-31.

Claverie, E. (2012). Démasquer la guerre. Chronique d'un nettoyage ethnique. Višegrad (Bosnie-Herzégovine), printemps 1992, *L'Homme* 203-204, 169-210.

Delpla, I. (2004). La justice internationale dans l'après-guerre. La difficile évaluation des critères de justice, *Balkanologie* VIII, 1, 211-228.

Deyanov, D. (1992). La guerre des interprétations symboliques, *Communications* n° 55, 55-66.

Fassin, D. (2009). Les économies morales revisitées, *Annales HSS,* 64, 6, 1237-1266.

Heraclides, A. & Dialla, A. (2015). *Humanitarian Interventions in the long nineteenth century: Setting the Precedent.* Manchester, Manchester University Press.

Koleva, D. (2012). Belene: Remembering the labour camp and the history of memory, *Social History,* vol. 37 n° 1, febrero, DOI: 10.1080/03071022.2011.651581

Kurtović, L. (2011). What is a nationalist? Some thoughts on the question from Bosnia-Herzegovina, *Anthropology of East Europe Review* 29(2), Fall, 242-253.

Kurtović, L. (2016). 'Who sows hunger, reaps rage': on protest, indignation and redistributive justice in post-Dayton Bosnia-Herzegovina, *Southeast European and Black Sea Studies,* DOI: 10.1080/14683857.2015.1126095

Kurtović, L. & Hromadzić, A. (2017). Cannibal states, empty bellies: Protest, history and political imagination in post-Dayton Bosnia, *Critique of Anthropology,* 37(3), 262-296.

Losonczy, A.-M. (2016) Retours assassins. Violence armée, suicide et exhumation dans l'économie de la mort des Emberá Katío (Chocó, Antioquia, Colombie), *en* Losonczy, A.-M. & Robin Azevedo, V. (Eds.) *Retour des corps, parcours des âmes. Exhumations et deuils collectifs dans le monde hispanophone* (127-149). París, Pétra.

Losonczy, A.-M. & Robin Azevedo, V. (eds.) (2016). *Retour des corps, parcours des âmes. Exhumations et deuils collectifs dans le monde hispanophone.* París, Pétra.

Luleva, A. (2011). Collective Memory and Justice Policy. Post-socialist Discourses on Memory Politics and Memory Culture in Bulgaria, *Ethnologia Balkanica,* vol. 15, 125-143.

Naxidou, E. (2017). Revisiting the communist past: Historiography, politics and memorials in Bulgaria after 1989, *en* M. Varvounis; G. Tsigaras & E. Vogli (Eds.),

An Interdisciplinary Journey from the Present to the Past (251-274). Thessaloniki, K & M. Stamouli.

PALOMERA J. & VETTA, Th. (2016). Moral economy: Rethinking a radical concept, *Anthropological Theory* 16(4), 413-432.

POPESCU-SANDU, O. (2009/10). Partial recollection, partial recognition: Writing about the Bulgarian Gulag, *Gulag Studies* 2-3, 69-82.

RAGARU, N. (2008). Usages politiques du passé et controverses historiographiques en Bulgarie: le cas du 'massacre de Batak' (1876), *Le Courrier des pays de l'Est*, 1067, mayo-junio, 82-88.

RAGARU, N. (2020). *"Et les Juifs bulgares furent sauvés...". Une histoire des savoirs sur la Shoah en Bulgarie*. París, Presses de Science Po.

REY, S. (2008). *Des saints nés des rêves*. Lausanne, Anthropos.

RODOGNO, D. (2011). *Against Massacre. Humanitarian Interventions in the Ottoman Empire, 1815-1915*. Course Book ed., Princeton University Press; muse.jhu.edu/book/30482.

SANT-CASSIA, P. (1998/99). Missing persons in Cyprus as *ethnomartyres*, *Modern Greek Studies Yearbook*, vol. 14/15, 261-284, University of Minnesota Press.

STEFATOS, K. & KOVRAS, I. (2015). Buried Silences of the Greek Civil War, *en* FERRANDIZ, F. *et al*. *Necropolitics: Mass Graves and Exhumations in the Age of Human Rights* (161-184). Philadelphia, University of Pennsylvania Press.

TODOROV, T. (1999). *La fragilité du bien. Le sauvetage des juifs bulgares. (Textes réunis et commentés par)*. París, Albin Michel.

TODOROV, T. & ZARETSKY, R. (1999). *Voices from the Gulag: Life and Death in Communist Bulgaria*. University Park, Pa, Pennsylvania State Univ. Press.

TODOROVA, M. (2009). *Bones of Contention. The Living Archive of Vasil Levski and the Making of Bulgaria's National Heros*. Budapest & New York, CEU Press.

VERDERY, K. (1999). *The Political Life of Dead Bodies. Reburial and the Postsocialist Change*. New York, Columbia University Press.

CAPÍTULO 6

La insoportable evanescencia del ser
Exhumaciones forzadas, muertos-en-movimiento y nuevos desaparecidos en Perú

Dorothée Delacroix

> *Ese dedo no es basura.*
> *No es tan solo un "resto": la*
> *pieza de algo perdido o arrebatado*
> *que hay que evocar.*
> *Es algo en sí, ocupando un*
> *lugar: cosa muerta, destruida, pero con*
> *su propia identidad.*
> *Lo destruido no es un excedente: es*
> *"completamente" algo.*

José Carlos Agüero, *Persona,* 2008, p. 19.

La idea de que los muertos, una vez sepultados, puedan moverse es algo inusual. Sin embargo, en contexto de posguerra, es frecuente. Ya sea que se relacione con manifestaciones de almas en pena o con procesos de exhumación, implica una (des) territorialización sin precedentes de los muertos y una reactualización de su presencia. En estos últimos años, la antropología ha mostrado un interés creciente por los fenómenos paranormales (como por ejemplo las apariciones de fantasmas), inclinación reflejada en el aumento de los estudios dedicados a estos temas. Estos fenómenos han sido sobre todo tratados teniendo en cuenta el aspecto material y sensorial que ellos suscitan, liberándolos parcialmente de las cuestiones relacionadas con las creencias[1]. Habiendo tratado específicamente la cuestión de

---

1. En este ámbito, los trabajos realizados en el sudeste y norte de Asia han sido especialmente valiosos en estos últimos años. Véase, en particular, Delaplace (2009); Kwon (2008); Sorrentino (2018). También es destacable la importancia de la obra de Christophe Pons, y se ha dado especial relevancia a sus temas de investigación en los números de las revistas *Terrain* y *Géographie et cultures* publicadas en 2018 bajo los títulos "Géographie des fantômes" y "Fantômes" respectivamente (Barthe-Deloizy *et al.*, 2018; Delaplace, 2018); véase Pons (2002). En América del Sur, y especialmente en Argentina, debemos en parti-

las apariciones de las almas[2], abordaré aquí la de los restos humanos producidos por dos décadas de violencia letal en Perú[3]. En efecto, las políticas públicas de reparación para las víctimas organizan la salida a la luz y el desplazamiento de los restos entendidos como *materialidad muerta*. Sin embargo, para las familias y los habitantes de los pueblos donde tuvieron lugar las ejecuciones, la recuperación y el tratamiento de estas partes anatómicas no solo se viven desde un punto de vista técnico y legal, a veces asociados a una representación y un lenguaje codificadores. Mi objetivo aquí es considerar los efectos sociales y culturales de la manipulación de restos humanos en contexto de posconflicto. Para ello, pretendo centrarme en la evolución de las concepciones de la persona y del difunto inducidas por la circulación de los restos humanos en manos de diversos agentes del Estado[4]. Veremos que los cuerpos violentados son

---

cular a Diego Escolar y Mariana Tello Weiss el dinamismo de las actividades científicas que se centran en la irrupción de lo extraordinario durante el trabajo de campo. Ver en particular Tello Weiss (2022).

2. Siguiendo el trabajo de Arianna Cecconi (2012) sobre el papel social de los sueños y las apariciones oníricas en las comunidades campesinas andinas de Ayacucho, me interesé por las diversas manifestaciones de las almas de los muertos en los sueños y en otros lugares y circunstancias. Fueron así identificadas cuatro grandes "familias" de almas –a las que se referían mis interlocutores–: las de las víctimas de mala muerte que sufren y atormentan por igual a sus seres queridos en su búsqueda de sosiego; aquellas con las que se establece una relación de intercambio y protección; las, anónimas y no domesticadas, que deambulan por lugares de memoria y de enterramientos clandestinos, provocando enfermedades y desgracias; y finalmente las que son fruto de la condenación póstuma de los asesinos locales. Véase Delacroix (2018, 2020).

3. Los Andes centrales y meridionales fueron el epicentro de los enfrentamientos entre las fuerzas del orden y la guerrilla de Sendero Luminoso en las décadas de 1980 y 1990. Por lo tanto, la mayoría de las fosas comunes se encuentran en esta zona. Según la Comisión de la Verdad y Reconciliación (CVR), el 79% del total de víctimas era de origen rural y el 75% hablante de quechua u otra lengua indígena, aunque estos hablantes representan solo el 16% de los ciudadanos peruanos. Al cabo de tres años de recolección de datos (2001-2003), esta comisión estableció el balance de 70.000 muertos y desaparecidos y atribuyó el 54% de las víctimas al Partido Comunista Peruano-Sendero Luminoso (PCP-SL), el restante 46% a las fuerzas del orden y a las milicias de autodefensa campesina. Para un análisis detallado del conflicto armado ver en particular Manrique (2002).

4. En Perú, las exhumaciones también pueden ser realizadas por una ONG. La *Ley de Búsqueda de Personas Desaparecidas durante el período de violencia 1980-2000*, aprobada en junio de 2016, también enfatiza el carácter humanitario de la recuperación de los cuerpos y su identificación para proporcionar elementos de respuestas a los familiares de los desaparecidos. El proceso de

redefinidos a lo largo de su recorrido institucional y que su constitución como persona o cosa, sujeto u objeto, significación o materia, evoluciona según diferentes criterios y circunstancias[5]. Desde el estatus de persona al de indicio en una investigación judicial, o incluso al de excedente, de desecho o de bien vendible, analizaré los límites y las recomposiciones de tales concepciones de índole ontológica. ¿Hasta dónde se es una persona? Y una vez muerto, ¿se es para siempre un difunto? ¿Qué es lo que prevalece en la noción de "restos humanos": los restos o lo humano? En otras palabras, ¿cómo calificar esta "cosa muerta, destruida, pero con su propia identidad" (Agüero, 2008)? Para responder a estas preguntas, se prestará atención a los mecanismos de tratamiento de los restos humanos y las disposiciones individuales que los acompañan, es decir, los puntos de vista, las objetivaciones y las distintas emociones producidas en su contexto de enunciación.

Las exhumaciones forzadas: ¿un nuevo tipo de violencia y de desaparición?

Mis observaciones están basadas en una larga secuencia de tres años, desde la exhumación hasta la restitución de los restos de nueve personas. Estas tuvieron lugar en una de las comunidades campesinas donde llevé a cabo mis investigaciones doctorales sobre las memorias de la guerra en Perú y la convivencia ordinaria[6].

Durante estos tres años, las formas de calificar lo que subsiste del muerto y de considerar su existencia social y simbólica han evolucionado considerablemente bajo el efecto de las representaciones de cuerpos dislocados, físicamente despedazados y geográficamente en situación de errancia. Los materiales etnográficos que aquí se presentan documentan la manipulación de los fragmentos corporales por parte de los expertos, la

---

búsqueda está coordinado por la Dirección General de Búsqueda de Personas Desaparecidas en colaboración con el ministerio público, pero, gracias a esta ley, puede superar el marco jurídico.

5. Los resultados de los trabajos vinculados a la biografía de los objetos mostraron el carácter contextual y cambiante de estas identificaciones. Véase en particular Kopytoff (1986).

6. Defendí mi tesis doctoral en antropología en diciembre de 2014. La exhumación a la que se refiere este texto se llevó a cabo cuatro meses después. Pude discutir sobre el acontecimiento con las familias y volver, en agosto de 2015, a este mismo pueblo donde ya había realizado más de un año de investigación etnográfica. Realicé dos trabajos de campo más, en 2017 y 2018. El último se realizó el mes en que se entregaron los restos a las familias. Los nombres de los lugares, así como los de mis interlocutores han sido modificados.

administración y las poblaciones locales. Detallan los métodos de recolección de los huesos, de circulación, almacenamiento y restitución de estos restos, así como los discursos formulados al respecto. Estas situaciones enmarañadas hacen que dichos restos existan de una manera original e inestable, a veces difícil de caracterizar. A través de la noción de *valencia diferencial de los restos humanos*, describo las diversas calificaciones, concomitantes o sucesivas, desarrolladas localmente por los habitantes de las comunidades campesinas en reacción a las exhumaciones[7]. Este juego de valencias también enfrenta consideraciones éticas. Según las formas que adopten, la manipulación de restos humanos puede ser considerada inmoral. Para entender esto, me baso en un análisis de construcciones locales en torno a la distinción entre los gestos legítimos y transgresores con respecto de los *muertos-en-movimiento*.

Una primera paradoja se debe al hecho de que las exhumaciones que se realizan en un contexto de posconflicto no siempre consisten en una búsqueda de desaparecidos. En Perú, por iniciativa del Ministerio Público, en ocasiones se practican en cementerios y tienen como objetivo sepulturas perfectamente identificadas donde las familias han podido enterrar a sus seres queridos y donde suelen ir a rendirles homenaje. Este fue el caso de los nueve cuerpos que fueron exhumados en abril de 2015 en el cementerio de la localidad de Tacana, en los Andes surperuanos, donde se realizó la investigación etnográfica. En efecto, los restos de los asesinados habían sido recuperados y enterrados por las familias en el momento de las masacres de los años ochenta y noventa[8]. Por con-

---

7. Tomo prestada la noción de *valencia* de Thierry Bonnot. Dicho concepto le permite trascender la diversidad semántica de la noción de valor y, a través de ella, el hecho de que un objeto tendría una propiedad intrínseca. La valencia, por el contrario, indica que un objeto tiene sólo una propiedad relacional y reversible; ver Bonnot (2014). También me inspiraron su presentación "S'encombrer des choses. Attachements et valence" ("Llenarse de cosas. Apegos y valencia"), y la discusión que siguió durante el seminario de antropología en Bruselas (ABBA) el 6 de noviembre de 2020. Agradezco especialmente a Ksenia Pimenova por sus comentarios sobre los desafíos éticos que plantea la presencia de restos humanos en los museos. A este respecto, ella evocó con agudeza el estatus de baja valencia en el que estos "objetos" quedan bloqueados cuando nadie los reclama.

8. Es difícil proporcionar elementos de contexto manteniendo el anonimato de las víctimas y sus familias. Los siguientes detalles son deliberadamente elípticos, pero tienen como objetivo dar una visión general de las acciones que llevaron a la muerte de algunos de los que fueron exhumados en 2015. A mediados de los años ochenta, casi una docena de hombres fueron asesinados el mismo día, pero en diferentes circunstancias, por una columna de Sendero Luminoso en Tacana. La mayoría eran autoridades locales, en gran parte miembros del APRA

siguiente, hasta la llegada de los científicos forenses en abril de 2015, las tumbas que fueron objeto de la exhumación no se consideraban en absoluto como lugares de entierro clandestino. Las identidades de los difuntos estaban inscriptas en cruces de madera que se destacaban sobre las tumbas, las cuales se encontraban rodeadas de todos los homenajes propios del calendario cristiano que fueron acumulándose a lo largo de casi treinta años.

Por lo tanto, el análisis de los restos en el laboratorio parecía superfluo a ojos de las familias, sobre todo porque tenían certificados de defunción. La justificación institucional en sí misma era vaga: se trataba de "saber la verdad", de "comprobar la consistencia de los testimonios con los hechos" y de asegurar que las personas que hubieran recibido una compensación económica fueran "verdaderas víctimas"[9]. Mediante el análisis en laboratorio del cuerpo del delito, se trataba, sobre todo, de que las familias demostraran su condición de víctimas y, con ello, su derecho a la reparación[10]. Esto, no sin tensiones intrafamiliares e intravecinales, ni sin violencias simbólicas, como veremos.

(el partido del jefe de Estado en ese momento). A fines de 1980, un joven de Tacana desertó de la guerrilla y regresó a su pueblo cuando su familia ya había huido. Miembros de Sendero Luminoso lo encontraron y lo fusilaron. La familia de uno de sus padrinos se encargó de darle sepultura. Posteriormente, a inicios de los años noventa, Sendero Luminoso voló un puente en el valle para detener a una tropa militar en movimiento. Los senderistas fallaron su objetivo y la explosión mató a los diez pasajeros de una ambulancia. Tres de ellos eran de Tacana, entre los que había un padre y su hija de nueve años. A finales de 1991, otras ejecuciones sumarias de Sendero Luminoso en el pueblo mataron a dos personas más. Si los casos señalados son el resultado de las modalidades de acciones homicidas de la guerrilla, no deben ocultar las violaciones sistemáticas a los derechos humanos de las que los militares son responsables según la CVR, incluso al nivel local donde se realizó la investigación, a través del recurso masivo a las desapariciones forzadas, torturas y ejecuciones extrajudiciales; véase la Comisión de la Verdad y la Reconciliación (2003).

9. Estos elementos de justificación provienen de las entrevistas telefónicas que tuve con un miembro del equipo técnico a cargo de esta exhumación, a quien llamaré aquí Lino.

10. Para seguir las recomendaciones del *Informe Final* de la CVR (2003), el Estado peruano implementó en 2005 un Plan Integral de Reparaciones a través de la Ley 28.592. Esta ley crea dos instituciones. Por un lado, el Consejo de Reparaciones, encargado de registrar a las víctimas de la violencia a través del Registro Único de Víctimas. Por otro lado, la Comisión Multisectorial de Alto Nivel, encargada de establecer las compensaciones simbólicas y económicas a las víctimas. Concretamente, esta medida se traduce en el pago de una indemnización que puede ser individual o colectiva, o en la protección en materia de salud o, incluso, en una beca de estudios. El monto de la reparación individual

El largo tiempo en el cual los cuerpos estuvieron en el cementerio fue interrumpido por la exhumación. A esto le sucedió una larga dilación a la espera del regreso de los restos, vivida de forma lancinante por las familias. Fueron devueltos tres años después de la exhumación, a pesar de que los expertos habían anunciado inicialmente un plazo de tres meses. A partir de esta situación es posible reflexionar sobre las cuestiones de la desterritorialización de los restos y sobre su colocación fuera del tiempo social de la comunidad. La exhumación y el largo período de análisis y almacenamiento de los restos marcaron también el final de un ritual funerario estabilizado y arraigado en un cementerio. En el transcurso de esta transformación radical del estatus de los muertos de la guerra, así como de las prácticas rituales que los habían rodeado durante varias décadas, las familias se vieron confrontadas a la fragmentación de la identidad de sus difuntos y la emergencia de nuevas corporeidades oníricas[11]. Durante la espera de la restitución de los restos, y más concretamente después de que pasara un año, surgieron rumores de tráfico de huesos exhumados. Frente a la acumulación despersonalizadora de los restos humanos en las morgues y ante el temor a su mezcla, pérdida o receptación, las familias emprendieron una batalla simbólica para devolverles un estatus y un lugar dignos. El presente artículo sigue la cronología de los acontecimientos desde la recolección de los huesos hasta su restitución.

La atroz presencia material de los restos humanos

Cuando el equipo técnico interviene en el cementerio, los restos humanos sufren una primera serie de manipulaciones y su modo de presencia material evoluciona. En manos de peritos, pasan del estatus de difunto, locus de prácticas rituales, al de objeto de estudio de ciencia, manipulado con instrumentos de arqueología funeraria, codificado y "empaquetado". Así objetivados, estos fragmentos de restos humanos se transforman en cuerpo del delito. En el momento de la exhumación, los restos se encuentran materialmente presentes. Es más, se presentan en una

---

asciende a 10.000 soles, o sea, aproximadamente 2.700 dólares por el asesinato de un ser querido.

11. Utilizo la noción de corporeidad *post mortem* en el sentido de representaciones sociales del cuerpo muerto y su destino *post mortem* para lograr vincular, en el análisis, las concepciones de persona social y persona cosmológica. La corporeidad onírica es uno de los avatares de los muertos de la violencia, como lo muestra el trabajo de Arianna Cecconi (2012). Para un análisis de las visitas de los muertos exhumados en los sueños de sus seres queridos, véase, en particular, Delacroix (2018).

MATERIAS INESTABLES

cruda materialidad, difícil de soportar para sus allegados. "Demasiado" presentes, todavía no tienen nada en común con los restos ausentes de los desaparecidos, pero ya empiezan a bascular hacia un extraño punto intermedio, similar al estado liminal en el que se encuentran las personas cuando cambian de estatus[12].

La visión de ciertos elementos del cadáver puede ser sumamente perturbadora. Por ejemplo, los cabellos encarnan aún más a la persona que los huesos de un esqueleto. Ello es debido a que son objeto de un uso particular durante los ritos de pasaje en diferentes momentos de la vida[13]. En pocas palabras, el cabello participa en el hacer y deshacer de la persona social. Por lo tanto, su resurgimiento durante la exhumación no es para nada banal. En Tacana, varias mujeres se sintieron mal y una se desmayó al ver el cabello de un muerto exhumado. Es también este detalle en particular el que recuerda el hermano de una víctima joven que murió a los nueve años. Según él, el pelo de su hermana había seguido creciendo. La confrontación con este elemento corporal contribuye a una aberrante re-presentificación del difunto. Cargado de un fuerte valor simbólico, contribuye, en cierto modo, a vivificar a los muertos.

Esta confrontación de los vivos con ciertas víctimas de la guerra es tanto más inverosímil y desconcertante cuanto que no se trata de muertos recientes de cuyos funerales ordinarios no se sepan ocupar las familias. Esta situación sin precedentes no tiene equivalente. Es un hecho verdaderamente extraordinario que confronta a los vivos con los muertos de una naturaleza indefinida[14]. Una exhumación casi treinta años después de las muertes no revela cadáveres, sino lo que queda de ellos. Obliga a las familias a ver y hacerse cargo ritualmente de una materialidad fuera de lo común: no un cuerpo para ser lavado y velado, sino un esqueleto, algunos cabellos y trozos de prendas de vestir. Son pues más bien entidades desarticuladas, producto de una *muerte desgastada*. Aun cuando

---

12. Véase Van Gennep (1981) y Turner (1990).

13. En los Andes, por ejemplo, son cortados por la madrina del niño y destrenzados, cuando se trata de una mujer, o rapados, cuando se trata de un hombre, en el momento de la colocación en el ataúd; véase Robin Azevedo (2008). Para un análisis de esta sustancia como estando relacionada con la intimidad de las personas entre los aborígenes Aranda y que contribuye al establecimiento de lazos íntimos entre ellos, véase Moisseeff (2010). Para un análisis del uso simbólico del cabello, véase Leach (1980).

14. En los Andes, no existen dobles entierros, como en otras culturas. Una vez que se inhuma a alguien, una exhumación posterior sólo puede deberse a una irregularidad o al deseo de reducir los restos, pero en general no es un procedimiento ritualizado que sea presenciado por los deudos.

las víctimas de la violencia ya estaban del lado de la mala muerte, sus restos exhumados las colocan en una situación de radical extrañeza: la de un cadáver que ha envejecido.

En los Andes, como en otros lugares, diferentes etapas rituales permiten la fabricación social del difunto, pero el efecto del tiempo sobre los restos trastorna este proceso ordinario. De hecho, si bien las emanaciones de los muertos recientes son conocidas y controlables[15], los riesgos patogénicos asociados con la exposición a los esqueletos exhumados son objeto de incertidumbres y de miedos. Es significativo que un curandero local haya aceptado ayudar al equipo técnico encargado de la exhumación. Operando con un efectivo reducido, es costumbre que este pague los servicios de los habitantes para cavar la tierra y recoger los restos bajo su dirección. En Tacana, Juan aceptó esta relación contractual informal. A ojos de muchos aldeanos, él era uno de los pocos que podía asumirlo en la medida en que "sabía protegerse". El involucramiento del curandero y su real papel en el procedimiento no es revelado a los forenses. Estos discursos permanecen ajenos de los profesionales, o incluso se les oculta. Supe esto porque durante un precedente trabajo de campo, mi casera le había pedido a Juan que contrarrestara los ataques de brujería de los que ella, junto con otros habitantes, creía que yo había sido víctima[16]. Igualmente, los olores supuestos o reales de los muertos ofrecen un soporte material a los temores de contaminación.

Los familiares que presencian la escena se dan cuenta de lo que queda de sus muertos. Ellos no solo lo ven: también lo respiran. Ahora bien, según las condiciones de conservación de los cuerpos, los olores difieren radicalmente. De los nueve cuerpos recuperados del cementerio de Tacana, solo uno resultó pestilente porque estaba enterrado cerca de un manantial. El olor insoportable que desprende la carne en estado de descomposición prolongado añade una dificultad más para los familiares durante la, ya dura, experiencia de abrir la sepultura de un ser querido.

---

15. En la nosografía andina, el mal viento, también llamado viento del muerto (*qhayqa*), es una patología provocada por el contacto con los muertos recientes. Se manifiesta bajo la forma de un torbellino que puede enfermar gravemente a cualquiera que se tope con él. Por eso, en las horas, o incluso días, posteriores a un funeral, la gente está atenta a las ráfagas de viento que se forman en el cementerio y van al reino de los muertos. Sin embargo, este fenómeno también es vivido con alivio por los familiares que lo interpretan como el inicio del viaje póstumo del difunto (Robin Azevedo, 2008, p. 87).

16. Localmente, el registro de la brujería y de ataques de los muertos revela otra inteligibilidad de la posteridad de las violencias. Sobre este tema, véase en particular Delacroix (2016, 2018).

Tres de las hijas de este difunto estaban presentes y, aún hoy, el recuerdo de este momento parece condensado y reducido al olor de los restos de su padre.

Este olor pestilente se asoció con una representación cristiana del pecado. En este caso se trataba de un marido adúltero que, simultáneamente, había tenido varios hijos con diferentes mujeres. Una de sus hijas me explicó que era una persona de "mala vida" y que "seguramente ardía en el infierno". Esta joven relacionó este elemento con el olor fétido que emanaban los restos, mientras que los otros restos humanos exhumados "no olían a nada"[17]. Para ella, convertida a una iglesia evangélica local, "ninguna oración, ninguna misa podía salvarlo". Esta perspectiva de una salvación imposible está en la línea de los *exempla* medievales relativos al olor de los cadáveres. En un contexto de posconflicto, la puesta al descubierto de los restos y el estado en que se encuentran aportan nuevos elementos que permiten nutrir la idea de una relación simétrica entre los recorridos biográficos de las víctimas y sus destino *post mortem*. Mario, padre de al menos tres hijos tenidos fuera del matrimonio, reconocidos por él, era un gran terrateniente y su familia era propietaria de los rebaños de ganado más grandes en el distrito de Tacana a fines de los años setenta.

En una foto en blanco y negro, tomada a principios de la década de 1980, él monta un pura sangre, con traje y corbata, en la plaza del pueblo. Su elegancia y la de su caballo, visiblemente adiestrado, se destacan en la escena. La asamblea está compuesta, esencialmente, por campesinos vestidos con la ropa gastada que utilizaban en su vida cotidiana de agricultores. A la vista de esta foto, sus hijos evocan de forma diametralmente opuesta la figura de su padre. Las hijas legítimas elogian su autoridad política, mientras sus hijos "ilegítimos" insisten en la opresión que ejercía sobre los campesinos más humildes.

La avaricia es también fuente de condenación póstuma. "La mala hierba nunca muere": esta expresión marcó mi trabajo de campo en varias ocasiones. Siempre estaba referida a los grandes terratenientes locales que abusaban y saqueaban las tierras comunales. La primera vez que la escuché fue después de que uno de ellos, de unos ochenta años, regresara al pueblo tras recuperarse de una estancia en el hospital. La segunda vez cerró una discusión surgida a los pocos días de la muerte de una anciana, gran terrateniente, conocida por su avaricia, sobre todo a la hora de pagar a los peones que trabajaban para ella. Varias manifestaciones nocturnas de la fallecida habían sido interpretadas por los habitantes como señal

---

17. Los enfoques cognitivos también han mostrado la superposición de experiencias sensoriales y juicios morales; véase Candau (2013).

de que su alma sufría. El rebuzno de un burro durante varias noches consecutivas fue interpretado como la manifestación del alma doliente de la difunta. Algunos vecinos también dijeron que escucharon ruidos cerca de su casa vacía, probablemente porque el alma estaba tratando de recuperar lo que había pertenecido a su propietaria, principalmente el dinero que ella había escondido.

Concretamente, esta continuidad entre la existencia social de los vivos y la existencia simbólica de los muertos implica también divergencias familiares en la forma de concebir el acontecimiento tripartito de exhumación-latencia-reenterramiento. Por ejemplo, volviendo al caso de Mario, mencionado anteriormente, la apertura de su sepultura provocó la ruptura del *statu quo* familiar. En el pasado, las relaciones familiares habían sido explosivas y hechas de violencias verbales y físicas entre las madres de sus hijos y por parte de ellos entre sí. Además, la desigualdad de trato entre estos últimos era flagrante. Las hijas legítimas se habían beneficiado más del capital económico y social de su padre. Así, pudieron salir del pueblo para estudiar en la ciudad y ahora ocupan puestos de responsabilidad, a diferencia de los hijos ilegítimos que todavía residen en la comunidad y allí trabajan la tierra. La exhumación de este hombre y las decisiones relacionadas con las modalidades de su nuevo entierro provocaron importantes tensiones intrafamiliares. Sus hijas, que vivían en la ciudad, querían preparar un "hermoso funeral", mientras que los hijos que se habían quedado en el pueblo, todos evangélicos y juzgando severamente las opciones de vida de su padre, no querían involucrarse en la organización de la sepultura.

Más allá de los conflictos latentes y los resentimientos ahogados que resurgen en el momento de las exhumaciones[18], esta situación muestra las formas antagónicas de considerar lo que persiste del muerto. Ya sea que se le considere culpable de pecado o víctima, o incluso mártir del conflicto armado, su calidad de difunto será diferente. Asimismo, los cuidados rituales y memoriales varían según el valor diferencial que se le otorgue, en el ámbito familiar, a lo que fue su vida. Y todo ello en una temporalidad larga y discontinua. Dependiendo de su estado, los restos exhumados pueden "conservar" la personalidad del difunto. En este sentido, la percepción de un olor nauseabundo es bastante similar a lo que

---

18. Estas tensiones están ligadas a las divisiones ideológicas heredadas de la guerra y a los silencios que la siguió, a las jerarquías cotidianas entre los grandes terratenientes y los campesinos más pobres, o incluso a reparaciones económicas individuales (ya sea por los diferentes montos recibidos o por la ausencia de reparación).

implica la visión de la ropa y del cabello, también íntimamente asociados a la persona, y por lo tanto, *a priori* más alejados de la categoría de cosa.

De los cadáveres en exceso a los "cadáveres-desechos"[19]

Los restos humanos, llevados del cementerio, iniciaron el paso de la condición de persona a la de bien enajenable. Los restos fueron llevados por el equipo forense en cajas de cartón de pasteles con la marca de la firma agroalimentaria Bimbo que, en Perú y en gran parte de América Latina, comercializa panes de molde y otros pasteles industriales. Sin embargo, al contrario de lo que podría creerse, esta ingeniería de gestión de los cuerpos no es el resultado de bricolajes de última hora. Es fruto de un acuerdo entre el instituto médico-legal y la empresa de alimentos que suministra las cajas de cartón. En 2018, una médica forense, radicada en Lima y que no asistió a la exhumación de Tacana, me explicó que esta práctica "había sido, lamentablemente, común". Pero que "a partir de ahora, el nombre de la firma industrial ya no aparecía en las cajas de cartón".

Las metáforas utilizadas por las familias atestiguan el trato indebido a los restos de sus allegados. Los lugareños que asistieron a la exhumación afirman que los cuerpos fueron "llevados como costal de papa" y que, seguramente, fueron almacenados en un cuarto, "amontonados como maíz". Detrás de sus gruesas gafas, Pablo, uno de los testigos de la escena, recurrió a esta metáfora mientras señalaba con el dedo el montón de mazorcas de maíz secándose, producto de la cosecha de los últimos días. Al igual que otros habitantes, encuentra deshumanizante el trato dado a los restos sacados del cementerio del pueblo. Transportados y almacenados como mercancías, los restos exhumados varían de estatus. Se vuelven, ni más ni menos, similares a los productos agrícolas que los campesinos cultivan y comercializan.

Los cambios que afectan a los restos desde su exhumación hasta su restitución ponen en tela de juicio el vínculo restos humanos/persona. Al inducir una fragmentación y una dispersión de los restos, la exhumación trastorna la singularidad de la identidad personal[20] y conduce a una

---

19. Esta subsección y la siguiente son una versión ampliada de Delacroix (2021). Quisiera agradecer a Marika Moisseeff por haber subrayado en mi trabajo el aspecto excedentario de los restos humanos y la necesidad para los familiares de cerrar esta vertiginosa puesta en circulación. Agradezco también a Marlène Albert-Llorca y Sébastien Plutniak por sus comentarios a este texto.

20. Sobre el hecho de que la unidad forme parte de la "ontología básica" de la persona, véase Lenclud (2009).

improbable reunión de los muertos en un lugar profano. De esta forma, los fragmentos de los cuerpos son puestos en circulación y reunidos en locales institucionales. En el ejemplo de Tacana que abordamos aquí, los nueve individuos (sin lazos familiares que los unan, salvo para dos de ellos) asesinados en circunstancias y momentos diferentes de la guerra fueron, sin embargo, objeto del mismo procedimiento técnico y administrativo, relativamente arbitrario. Como resultado, fueron almacenados colectivamente, *a priori*, en la misma morgue donde había otros restos humanos, producto de otras historias de vida y de muerte. A ojos de los familiares, esta situación implica el riesgo de que la persona muerta se convierta en un revoltijo confuso. De este modo, la condición de artefacto ritual sagrado propio del cadáver se ve sometida a sucesivas formas de profanación[21].

Los trabajos de las ciencias sociales sobre la cultura material y la vida biográfica de los objetos han demostrado "que hay gradaciones en la escala de los estados" (Heinich, 1993, cit. en Bonnot, 2015). Se piensa, en particular, en reliquias, fetiches u obras de arte que, según su naturaleza y según las circunstancias, tienen la capacidad "de ser o de actuar como personas" (Bonnot, 2015). Los estudios sobre la cultura material de los restos humanos insisten en la ambivalencia fundamental de los huesos "como persona o cosa, sujeto u objeto, significado (en el sentido de representación mental) o materia" (Krmpotich *et al.*, 2010, p. 372). En el caso que nos ocupa, la gradación es descendente, arrastrando los restos humanos a un régimen sumamente desvalorizador: excedente, desecho, objeto de comercio fraudulento o alimento prohibido. Kopytoff, utilizando el caso de la esclavitud, nos ayuda a pensar en la potencial mercantilización del ser humano, pero también en la reversibilidad de este pasaje de la persona a la cosa despersonalizada y alienable a través de las posibilidades biográficas de la "cosa" intercambiada (Kopytoff, 1986). Estas modalidades de (in)alienabilidad son, en efecto, construcciones sociales y culturales que las "políticas del valor" identificadas por Kopytoff nos permiten comprender mejor. De igual forma, los rumores de comercio de huesos exhumados explicitan la construcción social y comunitaria de las reacciones ante las exhumaciones y la gestión burocrática

---

21. Al insistir en la materialidad paradójica y la carga emocional que un cadáver puede generar en Occidente, Marika Moisseeff muestra que es "el objeto más sagrado de esta religión laica" que es la institución médica (2016, p. 273). En consecuencia, el derecho ha definido progresivamente la naturaleza sacrílega del ataque al cuerpo muerto. En el título de la sección anterior tomo prestada la calificación del cadáver como "ser atrozmente material" en el epígrafe escogido por Moisseeff (2016) y sacado de Kundera (1987 [1978]).

de los cuerpos. Sin embargo, esta gradación de sentido es proporcional al *continuum* de violencias infligidas por el Estado, que traduce simbólicamente lo que para la Administración "vale" un ser humano, en este caso originario de los Andes rurales. Los imaginarios sociales nacidos de la destrucción masiva son así reemplazados por percepciones locales de los programas de reparación de víctimas. Están visiblemente imbuidos del potencial de "depredación" por parte del Estado, incluso en su acción aparentemente "reparadora".

A pesar de que inicialmente se anunció el plazo de tres meses para la devolución de los restos, con el pasar de los años aumentaron la incredulidad y la ira de las familias. Estas tuvieron que esperar tres años antes de recuperarlos. Tres años durante los cuales el estatus de las víctimas exhumadas evolucionó hacia una configuración inédita de "desaparecidos forzados". La calificación jurídica y social de la desaparición forzada fue un proceso largo, de tal forma que esta expresión admite hoy muchos escenarios diferentes. Por ejemplo, si consideramos las dictaduras de los años sesenta y setenta en el Cono Sur de América Latina, el detenido-desaparecido está vivo cuando se lo llevan. En efecto sus familiares, presenciaran o no el arresto, no saben qué ha sido de él. A lo sumo, a veces logran saber que había transitado por un centro de detención clandestina[22]. Esta fue también la situación durante el conflicto armado interno en Perú. A menudo, los detenidos eran llevados a bases militares o locales vinculados a los servicios de inteligencia para ser sometidos a interrogatorios durante los cuales eran torturados[23]. En cierto modo, tanto para los detenidos-desaparecidos durante la guerra como para los restos humanos exhumados, a medida que pasaban los años, su ubicación, su destino institucional y la hipótesis de su retorno se hacían cada vez más inciertos. Cuando los familiares acudieron a las administraciones competentes y exigieron la devolución de los restos o, al menos, información sobre los mismos, no obtuvieron respuestas fiables y, en ocasiones, sufrieron un desprecio institucional[24]. En este sentido, no es exagerado afirmar que los agentes estatales hicieron desaparecer los muertos exhumados.

---

22. Siguiendo la propuesta de Scatizza, yo caracterizo deliberadamente la detención como "clandestina" y no al centro mismo, cuya existencia era conocida por la población. Este uso me parece más apropiado que la noción de "centro clandestino de detención". Ver Scatizza (2019).

23. Véase especialmente Uceda (2004).

24. La relación de los agentes administrativos del Estado con los familiares está documentada en Delacroix (2021). Véase también Robin Azevedo (2021).

Si escuchamos atentamente a las personas que se expresan sobre esta exhumación, comprendemos de hecho que la situación de los cuerpos conservados durante tres años fuera de sus sepulturas es similar, en varios aspectos, a la de los desaparecidos. A juicio de las familias, comparten la misma ubicación imprecisa, se encuentran en lugares inadecuados y están rodeados de representaciones deshumanizantes. Así, el vocabulario utilizado por ellas expresa esta analogía. De este modo, cuando Soledad comparte conmigo las cuestiones que la atormentan sobre la localización y el destino de los cuerpos de su esposo e hija, exhumados en abril de 2015, utiliza la palabra "botado"[25], que da la idea de echado, tirado o arrojado[26]. Este término sugiere que fueron perdidos y tratados con falta de respeto. La manera como la administración se hace cargo de los cuerpos es considerada, de hecho, descuidada. Se asimila más bien a una empresa de obra gruesa realizando una especie de operación de remoción de escombros. Caídos en desgracia, estos cuerpos parecen casi engorrosos para los servicios del Ministerio Público, como si fueran de las cosas de poco valor o que ya no se necesitan y de las que hay que deshacerse. El uso del término "botado" es significativo de la angustia vivida por las familias, al imaginar el cuerpo abandonado en una morgue de la que se desconoce hasta la localización. Este verbo también fue utilizado durante la guerra para evocar a los desaparecidos "botados en las quebradas" que jalonan los Andes.

Este lenguaje también expresa el cambio hacia un estatus de cadáver-desecho. Los fragmentos de cuerpos descubiertos durante una excavación pueden ser recolectados y tratados mediante técnicas forenses como elementos constitutivos del cuerpo del delito y, por lo tanto, indicios de un crimen, o bien pueden ser reducidos a algo insignificante, excluido del dominio científico, descartado, y relegados en consecuencia a la condición de residuo. Los restos corporales transitan así de una categoría socialmente reconocida a otra que lo es mucho menos[27]. La relegación

---

25. Soledad dijo: "¿En dónde estarán botados? ¿En qué parte?".

26. El diccionario de la Real Academia Española indica que "botar" significa "arrojar, tirar, echar fuera a alguien o algo". También menciona que en Cuba, Honduras, República Dominicana y Venezuela, "botar" significa "perder o extraviar algo". Además, en Chile y en México es utilizado específicamente para la basura.

27. Para un análisis de la presencia de restos humanos en los espacios detríticos desde el Paleolítico hasta la actualidad y los problemas del tratamiento de las personas como desechos, consulte el número de 2019 titulado "Corpses in rubbish dumps" de la revista *Human Remains and Violence: An Interdisciplinary Journal,* al igual que *Des cadavres dans nos poubelles. Restes humains et*

fuera del campo de interés del peritaje de ciertos elementos exhumados y el hecho de que puedan ser asimilados a materiales sobrantes son dos circunstancias que hieren profundamente la sensibilidad de los familiares. Estas desclasificaciones sucesivas conducen además a una reactualización de su mala muerte. A su deceso prematuro y su muerte violenta se añade un trato injustificado, violento y deshumanizante de sus restos durante y posteriormente a los desenterramientos.

Muchas personas que asistieron a estos insistieron en que el equipo técnico dejó abandonados en el cementerio pedazos de ropa, pero también de cabello, pertenecientes a los difuntos exhumados. Teniendo en cuenta que las víctimas habían sido ya enterradas por las familias en 1986 y 1991, se puede suponer que la labor de identificación no era el objetivo principal de esta apertura de las sepulturas. Lo cierto es que el abandono por el suelo del cementerio de ciertas ropas y ciertas sustancias corporales es vivido como una doble falta de respeto: hacia el muerto, pero también hacia su familia. El primero, ya importunado en su descanso póstumo, se ve despojado de sus ropas, que forman parte de su unidad como difunto. Sin embargo, estas prendas, lejos de estar cuidadosamente conservadas junto a los restos humanos, están "amontonadas" como vulgares andrajos como dicen las familias. Su asimilación a basura constituye uno de los aspectos más destacados del *shock* que sufrieron tras la partida de los forenses.

Las fronteras entre lo que forma parte del muerto y lo que no forma parte también se han vuelto porosas. La vestimenta juega un papel central en el establecimiento del estatus de persona en el contexto de reenterramiento después de una exhumación[28]. En el caso que aquí nos ocupa, la separación física entre la prenda y los huesos, así como el poco valor visiblemente otorgado a la primera por los profesionales que intervinieron, confrontó a las familias con una aberración ontológica. De repente, tuvieron que afrontar la dificultad de lidiar con estos "amontonamientos" que, unas horas antes, estaban en un lugar apropiado y participaban de la completitud del difunto.

¿Cómo preservar la integridad de una persona más allá de la muerte cuando algunos de los elementos que la constituyen son reducidos a desechos esparcidos por los alrededores de una sepultura forzada a golpes de mazo? "Lo destruido no es un excedente: es 'completamente' algo", dice José Carlos Agüero cuando se pregunta qué queda de la persona

---

espaces détritiques du Néolithique à nos jours, ambos trabajos dirigidos por Aurore Schmitt y Élisabeth Anstett (Schmitt & Anstett, 2019, 2020).

28. Véase, en particular, Delacroix (2017); Duterme (2016); Robin Azevedo (2015).

tras su aniquilamiento en un contexto de violencia armada (Agüero, 2018). Calificar ese "algo" es una cuestión tan sensible como crucial. El tratamiento de los restos exhumados del cementerio de Tacana muestra precisamente una relación diferencial con aquello que es destruido que no deja de ser problemática. Algunos restos están en el centro del interés científico, mientras que los "restos de restos" pueden caer en la categoría de excedente. Fragmentos humanos o desechos, persona o sustancia corporal excedentaria, y no obstante insignificante: la ambivalencia es tanto más intolerable para las familias cuanto que resulta ser la consecuencia de una pretendida operación de "reparación". Operación que, sin embargo, lejos de resolver una situación dramática, la engendra.

Señalando el carácter escandaloso del abandono en el cementerio del poncho y del pantalón de su primo asesinado en 1986, una pareja de cuarenta y tantos años me contó cómo el equipo técnico había amontonado lo que no les interesaba y se había marchado del lugar, dejando la gestión de ese "sobrante" a los habitantes. Así son desarticuladas entidades que habían sido enterradas y que habían permanecido juntas durante los últimos treinta años. Su consiguiente ubicación en diferentes lugares cuestiona la unicidad de la persona difunta y su anclaje en un espacio específico dedicado a su recuerdo. Contrariamente al respeto debido a los despojos mortales, el desmenuzamiento del difunto y su desaparición temporal del lugar ritual generan, en cierto modo, un fenómeno de "muerte desatendida" (Panizo, 2017). De esta forma se produce el tránsito del estatus de persona al estatus de objeto mal definido.

No hay nada fortuito en la manipulación técnica de los restos humanos. Ella crea una realidad y construye un significado. En este caso, las relaciones centro-periferia, imbricadas en las relaciones de saber-poder, fueron reforzadas a través del prisma de los residuos. En efecto, con ello se ha creado poderosamente una posición de subalternidad de los campesinos andinos, actualizando igualmente las discriminaciones de las que suelen ser objeto. Ontológicamente, la basura "produce dos formas de ser ante ella: los que la desechan (los limpios) y los que la recogen (los sucios, y ergo, asquerosos)", indica Rocío Silva Santisteban en su estudio sobre la basurización simbólica del Otro aplicada, en el Perú, a enemigos políticos, feministas y pobres (Silva Santisteban, 2008, p. 60). De la misma manera, el transcurso de la exhumación en Tacana produjo relaciones de subalternidad humillantes, y una acentuación de la asimetría entre campesinos y expertos. Por un lado, desde el punto de vista de los familiares, se tuvo la impresión de que se habían generado desechos a partir de restos humanos, hecho que fue vivido como una fuerte ofensa. Por otro lado, concretamente, lo que quedó en el cementerio tuvo que ser tratado por hombres y mujeres obligados a hacerse cargo de un residuo inédito, mezcla de sustancias corporales y ropa. Se convirtieron, asimismo, en basureros improvisados (y por lo tanto "sucios") de una sustancia tan extraña como conmovedora. Además, esta manipulación profana poco corriente abre una brecha simbólica y práctica. Los restos de restos así "degradados" desobedecen las reglas de clasificación propias del sistema simbólico. Supuestamente tratados con desprecio por el equipo técnico, se vuelven repugnantes o, por los menos, casi molestos para los propios lugareños.

En definitiva, tal modo operativo de las políticas de exhumación no repara, sino que daña. No pacifica las relaciones familiares ni las de los ciudadanos con el Estado, sino que aumenta las tensiones y acarrea frustraciones y dolor. Reaviva procesos de duelo antes cerrados y abre nuevas incertidumbres. En este sentido, se comprende que al final del primer año de errancia de los huesos surgieran rumores locales de tráfico de huesos exhumados.

La impensable desaparición de los restos exhumados

La puesta en circulación de los restos humanos crea una ubicuidad perturbadora, y amén de constituir una fuente de peligro, puesto que se consideran fuera de lugar y que se degradan al sufrir un trato inadecuado en los desplazamientos. La indeterminación potencial entre las categorías de personas, de sustancias corporales y de objetos susceptibles de ser desechados o vendidos conduce a una inestabilidad ontológica expresada en el lenguaje y condensada en el rumor de la comercialización de huesos exhumados.

De hecho, cerca de un año después de la exhumación, algunos vecinos de Tacana comenzaron a denunciar que los restos habían sido vendidos a facultades de medicina, o que habían sido enviados al extranjero, remitidos a los donantes de la comunidad internacional que habían participado en el financiamiento del programa de reparación de las víctimas, y que ahora deseaban comprobar si su gasto estaba justificado. También se dijo que los huesos se habían mezclado y que era un verdadero rompecabezas poner todo en orden; o incluso que habían sido utilizados en la fabricación de potenciadores del sabor (Aji-no-moto). Aunque los restos hubieran sido robados, perdidos, mezclados, vendidos o procesados industrialmente, todos los rumores decían lo mismo: por alguna acción foránea, no estaban donde debían estar y se había ultrajado su integridad.

Estos rumores circularon entre los habitantes y alimentaron las más terribles angustias por el temor a que, sin saberlo, se cayera en el canibalismo. Algunos deseaban "no creerlo", pero todos recalcaban el carácter irregular de la partida de los expertos con los restos y de la larga ausencia de los cuerpos que habían permanecido y habían sido honrados en el cementerio del pueblo durante treinta años. ¿Cómo podía un muerto desaparecer así y caer en desgracia hasta el punto de verse reducido, para sus alarmados parientes, a una sustancia alimenticia? Este rumor está lejos de ser anecdótico, pues cristaliza la contradicción entre la finalidad "humanitaria" de las políticas de reparaciones a las víctimas y la realidad de su implementación local. Los significados que adquiere a un nivel local se plasman en un discurso político y moral sobre el Estado que apunta a su inhumanidad. Dado que estas dimensiones han sido analizadas en otro lugar (Delacroix, 2021)[29], me centraré aquí en lo que estos rumores aclaran en términos de la *valencia diferencial de los restos exhumados*.

En un contexto de reparaciones económicas, colectivas e individuales, el cuerpo exhumado se ha convertido no sólo en un lugar de producción de la verdad sobre la víctima de la guerra[30], sino también en un bien material dotado de cierto valor de mercado dentro de una vasta economía del posconflicto organizada a nivel nacional e internacional. En 2010 se realizó un taller de reflexión titulado "¿Cómo cuantificar el dolor? Aportes para la Reparación Económica Individual de las Víctimas del Conflicto Armado" que reunió en Lima a varias organizaciones de la sociedad civil[31]. En dicha ocasión, Pilar Coll, miembro del Consejo de Reparaciones, advirtió sobre/contra las formas de humillación que pueden surgir a partir de la compensación financiera. Este escollo, dijo, ya se había encontrado en Chile y Argentina, donde algunas familias tenían la impresión de vender el cuerpo de su ser querido a cambio de una retribución económica. Pero señalaba, sin embargo, que la extrema pobreza de una amplia franja del campesinado andino alimentaba igualmente altas expectativas en términos de reparación económica. En el Perú, el monto de la indemnización económica por la muerte de un ser querido se ha fijado en una cantidad equivalente a menos de 3.000

---

29. En los Andes, el hecho de recibir ciertas ayudas del Estado conlleva una serie de riesgos relacionados con la idea de que es dinero del Diablo que conviene rechazar; véase Piccoli (2014). En el caso estudiado, el rumor insiste en las cualidades mucho más depredadora y amenazante que "reparadora" y "dignificadora" del Estado.

30. Véase especialmente Delacroix & Noûs (2020).

31. Las actas se publicaron bajo el título: *¿Cómo cuantificar el dolor? Aportes para reparaciones económicas individuales a las víctimas del conflicto armado interno en el Perú*, Lima, ICTJ, IDL, 2010.

dólares, no sin provocar la indignación de las asociaciones de derechos humanos que han criticado lo irrisorio de esta suma. No obstante, dentro de las comunidades campesinas andinas afectadas por la violencia esta ayuda pecuniaria generó rápidamente expectativas. A pesar de ello, la implementación práctica de las políticas de reparación y exhumación sigue planteando importantes desafíos éticos. Parece que durante los procedimientos administrativos y técnicos, en ciertos casos, la dignidad de las familias de las víctimas y su integración nacional son relegadas a un segundo plano o incluso dejadas en un horizonte lejano[32]. Esto es tanto más cierto cuando la exhumación va acompañada de un discurso sospechoso sobre la veracidad de los testimonios y la legitimidad de las reparaciones recibidas, como fue el caso en Tacana.

Desde el inicio de la desmilitarización del país hasta hoy, los campesinos andinos se han acostumbrado a someterse a las exigencias del Estado. Por ello, dar testimonio, aportar pruebas y documentos administrativos, poner en marcha programas de ayuda a los huérfanos, reconstruir casas con los pocos materiales que proporciona el Gobierno, organizar actividades conmemorativas, establecer el registro local de víctimas con la ayuda del municipio, erigir lugares de memoria o hasta recibir trabajadores de las ONG y agentes del Estado, fueron compromisos personales y colectivos asumidos localmente. De esta forma, el hecho de aceptar la exhumación se inscribe en este largo proceso de demostración del sufrimiento vivido y de petición de reconocimiento. Un proceso en el que las víctimas andinas jugaron un papel proactivo para no ser olvidadas por segunda vez[33].

Desde los primeros testimonios hasta las exhumaciones, se busca acreditar su condición de víctima de la guerra y justificar las reparaciones económicas dentro del marco de referencia de las instituciones. Esta vez, la violencia simbólica del Estado ha alcanzado nuevas cotas. Que quiera verificar el crimen no basta para explicar el incongruente acaparamiento que hace de los cuerpos de la violencia ni la poca transparencia con la que lo ha hecho. Por otro lado, las familias concernidas por las exhumaciones no viven ajenas ni ignoran las normas y el vocabulario de

---

32. Véase especialmente Robin Azevedo (2016).

33. La cifra de los muertos y desaparecidos establecida por la CVR en 2003 fue tres veces mayor que las cifras más pesimistas adelantadas hasta principios de los años 2000. Esta discrepancia implica que una franja de la sociedad peruana, esencialmente limeña, no ha visto desaparecer al resto de sus conciudadanos. La CVR estimó el número de muertos y desaparecidos en 70.000, entre 1980 y 2000.

los derechos humanos y los retos vinculados a los programas de reparación. Al contrario, en su mayoría, están familiarizadas con estos temas y están acostumbradas, desde hace mucho tiempo, a la intervención de los agentes administrativos en su vida personal y familiar. Por ello es bastante revelador que vivan como un insulto y se sientan agredidas por la actuación institucional. Lo que hasta entonces se interpretaba como torpeza o como muestra de una actitud autoritaria, ya se percibe como una ofensa premeditada.

Para un sector del campesinado andino, el programa de reparaciones es parte de una economía de mercado en la que los restos humanos tienen un valor económico intrínseco. Este marco interpretativo explica el mandato de exhumar a los muertos y la vaguedad que rodeó su destino posterior. La justificación de su incongruente movilidad podría ser así la base de una operación comercial fundamentalmente inmoral. La transformación de restos humanos en un bien enajenable reinvertido en la industria agroalimentaria lleva al paroxismo el potencial de depredación del Estado. Este aparece como una figura caníbal y un avatar del capitalismo salvaje, capaz de reciclar los restos humanos en potenciadores de sabor. Detrás de un discurso que defiende la búsqueda de la verdad, habría encontrado una productividad en el exceso de cuerpos que resulta de la violencia armada. Su afán de lucro ya no se satisfaría con restos anónimos, recuperados de fosas comunes. Empleando todos los recursos disponibles, el Estado penetra en los cementerios donde los muertos han sido enterrados por sus familias para utilizarlos en un circuito comercial. Este control cínico de los restos humanos, muy presente en las representaciones que del Estado se hace el campesinado andino, completa la ruptura de una confianza ya deteriorada entre la élite política y sus ciudadanos. Por último, el rumor expresa un sentimiento profundo de los campesinos: que, a fin de cuentas, su vida no cuenta para nada, pero su cuerpo puede constituir una mercancía[34].

---

34. La figura mítica del *pishtaco*, *nakaq* o *lik'ichiri* –de quien se dice que saca y comercializa la grasa de los indígenas– ha sido ampliamente estudiada por los andinistas. Sobre la función de control social del mito de *Pishtaco* y la expresión de la opresión de las poblaciones quechuahablantes, véase Oliver-Smith (1969); Szeminski & Ansión (1982). Para un análisis estructuralista del *pishtaco* como figura intermediaria peligrosa entre los mundos indígena y "blanco", véase en particular Molinié (1991). Sobre el poder que personifica y su transgresión de las normas de la vida comunitaria, véase Salazar (1991). Para una discusión de esta tesis desde el ángulo de las relaciones de género y "raza": Weismantel (2001). Para una actualización de este rumor en el contexto de la posguerra, véase Delacroix (2021).

Tapar las brechas. Honrar a pesar de todo

La exhumación y el posterior período de tres años de análisis de los restos en el laboratorio marcaron el final de un ritual funerario estable y anclado en un cementerio. Condujeron a los familiares a un incómodo bricolaje, llevando por ejemplo a Celia, una joven madre de dos hijos, a preguntarse sobre la utilidad de poner una vela frente a una tumba vacía.

> Antes, por el aniversario de la muerte de mi padre o por el Día de Todos los Santos, encendía una vela frente a la tumba vacía. Pero como ya no está allí, creo que no vale la pena. ¿No cierto? Otras personas a quienes sus muertos fueron sacados [durante la exhumación de abril de 2015] continúan colocando una vela. Pero yo ya no, dejé de hacerlo. (Conversación con Celia, Tacana, julio de 2016)

La hiperaccesibilidad al cuerpo del delito en un contexto institucionalmente propicio para las exhumaciones y la hipermovilidad de los restos humanos los aleja del cementerio (extraterritorialidad) y del ritmo de la vida social y ritual del pueblo (extratemporalidad). Celia dio su consentimiento a que se realizara la exhumación de su padre, en parte por temor a un juicio, y en parte también para que su familia obtuviera una reparación económica. Dijo que se vio "casi forzada" a aceptar esta exhumación ante las sospechas del equipo técnico que quería establecer la verdad sobre los hechos de violencia y descubrir las declaraciones potencialmente falsas de las víctimas. Emergidos en un contexto de "políticas de la duda", los restos humanos ocupan un grado alto en el régimen de verdad posconflicto (Delacroix, 2021).

Celia es la única de los hermanos que aún vive en el pueblo donde su padre fue asesinado por arma de fuego en diciembre de 1991. Tenía 10 años cuando ocurrió este trágico acontecimiento. El cuerpo no pudo ser lavado, pero fue colocado en un ataúd y el entierro se realizó de noche por temor a represalias de Sendero Luminoso, responsable del asesinato. Además se organizaron misas para facilitar el paso de esta víctima de mala muerte a "la otra vida", la de un difunto correctamente socializado como tal. Cuando fue exhumado, Celia tenía 34 años. Para esta madre de familia católica, el principal lugar de recogimiento era la tumba, y el calendario cristiano ritmaba sus visitas al cementerio. Unos seis meses después de la exhumación, en noviembre de 2015, fue a la tumba vacía, donde encendió un cirio por el Día de Todos los Santos y, luego, al mes siguiente, en diciembre, prendió otro por el aniversario de la muerte de su padre. Sin embargo, el nombre inscrito en la sepultura rota no era suficiente para encarnar la figura paterna. Me comentó que como su cuerpo estaba ausente, este no podía "sentir" el homenaje rendido. Al estar "fuera de lugar" y apartado de la temporalidad ritual ordinaria, la situación del muerto exhumado es a la vez absurda, porque el cuerpo ya estaba antes allí, y angustiosa para las familias, que se preguntan sobre la forma correcta de rendirle homenaje, sintiéndose culpables al mismo tiempo por haber aceptado esta exhumación que se traduce por una errancia institucional indigna.

El funeral ratifica que lo que ha sido, fue; que tal individuo vivió. Su contrario, la ausencia de funeral o, en el caso estudiado, la privación temporal de los restos, equivale a negar lo que ha existido. Los modos habituales de recuerdo y los soportes rituales ordinarios pierden todo arraigo. En un contexto de desaparición forzada, la ausencia del cuerpo conduce a un vacío de sentido y a una catástrofe para el lenguaje y la identidad (Gatti, 2014). En el presente caso, el desplazamiento de los cuerpos contribuye a vaciar físicamente las tumbas, estos "soportes de memoria personalizables" (Delaplace, 2009). La identidad de los muertos en situación de errancia institucional se ha vuelto borrosa, casi evanescente. Las incertidumbres sobre su destino y sus condiciones de conservación provocan una dificultad en el marco cognitivo y ritual de la relación con el difunto. Situado fuera de lugar, el muerto estaría así fuera del alcance de la eficacia ritual. Entonces se vuelve inútil encender una vela en su nombre.

Para remediar esta situación, incómoda en muchos aspectos, les corresponde a los familiares acabar con el continuo movimiento de los restos humanos causado por decisiones institucionales percibidas como irracionales e incluso cínicas. Ante el vacío de las tumbas durante tres años, los habitantes se consagraron a otros lugares y otros soportes rituales. La desterritorialización de los cuerpos y las representaciones vinculadas a su fragmentación han llevado a las familias a enriquecer los lugares con rituales dedicados a los difuntos, como los ubicados al borde de las carreteras, en el sitio donde perdieron la vida. También se desarrolló un uso especial de las fotografías. Estos elementos contribuyen a una recomposición de la imagen del muerto y a su reincorporación a la intimidad familiar y social. Se libra así una batalla simbólica para mantener los lazos afectivos sin el cuerpo.

Durante el difícil período intermedio, entre la exhumación y la devolución de los restos, Soledad siguió colocando un cirio frente a las tumbas vacías. Sin embargo, dudando de la eficacia de esta práctica, como ella me confió una vez que los restos le fueron restituidos, multiplicó sus esfuerzos ocupándose particularmente del lugar donde se produjo la muerte y haciendo reproducir fotografías. Esta nueva territorialización de la memoria permite anclar al muerto errante proporcionándole un refugio ritual a la vez que actualiza su recuerdo, a pesar de la ausencia del cuerpo.

Dos años antes de la exhumación, para el Día de Todos los Santos de 2013, la familia ya se había puesto de acuerdo y se habían organizado a fin de construir un pequeño altar al pie de las dos altas cruces que marcaban, al borde de la carretera, el sitio donde Fernando y su hija Miriam habían perdido la vida como consecuencia de la explosión de un puente que alcanzó, por error, la ambulancia en la que viajaban. Al igual que se hace con los muertos de la carretera, se erigieron cruces a los costados del camino. El primero de noviembre de 2013 fueron adornadas con un pequeño refugio donde poder colocar los cirios y que hacía las veces de oratorio. Allí, los "refugiados ontológicos" (Kwon, 2008) pueden encontrar un amparo.

Tras la exhumación, y cuando el cementerio sólo contenía sus tumbas vacías, este lugar, situado a unos cuarenta kilómetros del pueblo, fue ocupado más intensamente por una familia que deseó apaciguar "a los difuntos perturbados en su descanso". Esta fragmentación de los lugares rituales dedicados a los muertos responde, positivamente, al sentimiento de fragmentación de los propios cuerpos, cuya pista se ha perdido, ya que el Estado, garante de su conservación, da la impresión de no saber ya dónde están. Perdidos, extraviados, imposibles de encontrar en un plazo razonable, estos restos parecen haberse desvanecido.

Contra este proceso de borrado, los familiares intentan replantear su relación con los difuntos. Los allegados procuran informar a los muertos (y a su entorno) que no los han olvidado. Así, encima del banco que bordea la mesa del comedor, Soledad ha enmarcado el retrato de cada uno de sus cuatro hijos y de su hija fallecida. Los chicos visten traje (como es costumbre en las fotos escolares), mientras que Miriam luce el atuendo festivo que usó para su cumpleaños: vestido de satén *beige* y sombrero pequeño de cartón. En la pared opuesta, el hijo mayor de la familia colgó un póster gigante de su padre con un lechón en brazos. Hizo agrandar esta fotografía, casi de tamaño natural, en un lienzo laminado aproximadamente un año después de la exhumación. El mismo año, bautizó a su hija con el nombre de pila de su hermana.

Con un poderoso poder evocador, los nombres y fotografías de los difuntos mantienen su recuerdo, pero también enmarcan, literal y figuradamente, una relación que la exhumación y la espera de los cuerpos han trastornado y maltratado. La privación de los restos –aceptada por una duración de tres meses– ha alimentado una relación fuera de norma con el difunto que este tipo de dispositivos ha tratado de llenar. Lo mismo ocurre con la reterritorialización de los lugares rituales. Estos llenan un vacío y ofrecen una materialidad significativa en un contexto donde el cementerio, carente de cuerpos, pierde su sentido. Contra esta nada, el sitio en el que se produjo la muerte materializa una relación con los difuntos que se ha vuelto evanescente. Este espacio reafirma aquello de que quien ha sido, ha sido. Que esta vida fue vivida, y perdida en este preciso lugar.

Des-nombrar a los muertos, mortificar a los vivos

Más de 1.000 días después de su exhumación, los restos del esposo de Soledad fueron devueltos a la familia. Pero fueron entregados con un error de identidad. Después de haber estado en posesión de los restos durante tres años, y luego de, presuntamente, haberlos identificado, el Equipo Forense Especializado (EFE) había convertido al padre y a su hija mayor en hermanos. El padre, Fernando Vásquez Huamani, se había convertido en Fernando Vásquez Cava[35]. El apellido materno fue copiado del de la hija fallecida, Miriam Vásquez Cava. Este error marcó el fracaso de una operación que supuestamente establecería la identidad del difunto sobre una base científica, la de la prueba del ADN. Por el contrario, el paso por los meandros institucionales de la fiscalía desapellidó a este hombre. Simbólicamente, el error selló un homenaje fallido. Es cierto que los restos estaban allí, en un pequeño ataúd blanco; es cierto que las autoridades locales habían planeado un recorrido a través del pueblo hasta la iglesia, pero el nombre que figuraba en una hoja A4 con el logo del Ministerio Público comprometía seriamente y de manera aberrante el proceso de "dignificación". Incluso cuando volvía a estar materialmente presente, el padre no fue debidamente restaurado a su estado civil. De este modo, el poder de nominación se frustraba en el umbral del desenlace de la errancia institucional de los restos humanos.

"¿Qué es una sepultura sino, ante todo, la inscripción de un nombre?"[36] Esta inscripción marca la supervivencia del significante más allá de la vida. En el cementerio, frente a las tumbas, todos saben que con el paso del tiempo ya no quedan cuerpos; en cambio, el nombre permanece. Es la cristalización total del ser. El ser está ligado al nombre. Está asignado a este significante fuerte que prevalece sobre él. En consecuencia des-nombrar al padre supone, en cierto modo, negar también su existencia.

---

35. Los nombres han sido cambiados.

36. Tomo prestada esta fórmula y algunos elementos del análisis que sigue de Paul Audi durante el seminario de filosofía "Lecture(s) de l'Antigone de Sophocle", 19 y 20 de octubre de 2019, Maison du Banquet et des générations.

Estamos ante lo que se podría considerar como la máxima transgresión: negar la perennidad del nombre inscripto en una tumba. En el *Antígona* de Jean Anouilh, Creonte ya no quiere el nombre de Polinices, que hizo temblar a Tebas. La imposibilidad de enterrar es peor que un crimen porque el borrado de las huellas anula la existencia misma del individuo. En cuanto a lo sucedido a la familia de Fernando Vásquez Huamani, la privación temporal del cuerpo seguida de un error de nombre contribuye asimismo a aniquilar lo que queda de esta persona.

En otro registro teatral igual de elocuente, el personaje de Nawal autoriza en una carta póstuma a sus hijos a inscribir su nombre en la tumba después de que conozcan su verdadera biografía, al final de una búsqueda que los sumergirá en los horrores de la guerra civil (Mouawad, 2003). Una vez reconstruida esta historia de vida y de violencia, el nombre puede ser inscrito. Explica Mbembe[37] que, en cierto modo, el nombre colocado en la tumba viene a cerrar una existencia abierta por el reconocimiento administrativo de los nombres de los padres que aparecen en el acta de nacimiento. Sin embargo, si la restitución de los restos pone fin a incómodas tribulaciones póstumas en el caso estudiado, fracasa en fijar el estado civil de la persona y en cerrar una violencia póstuma. A la larga ausencia del cuerpo del padre en el lugar preciso de la tumba donde está inscripto su nombre, siguió la neutralización de su identidad primordial. Así, ni siquiera se conservó el valor oficial y administrativo del nombre. Al participar de la intensificación de la violencia contra el occiso y su familia, la situación enfrenta la extrema dificultad de salvaguardar al ser que es objeto de este procedimiento forense.

El error de apellido en el ataúd del padre también hizo dudar a los familiares acerca de si, realmente, se trataba de él. En este sentido, la presencia de la ropa en el féretro les tranquilizó sobre la identidad del esqueleto que se les presentaba. No obstante, la torpeza burocrática les fue aun más dolorosa, pues contribuyó a mortificar a una persona viva. Fernando Vásquez Cava es el nombre del benjamín de la familia que tenía tres meses cuando murió su padre. En un universo científico hasta entonces desconocido por ellos, y cuya seriedad se había visto alterada por la falta de fiabilidad de la información divulgada, la familia quedó desconcertada por el error cometido. Como si quien yaciera allí fuera el

---

37. Más allá de los dispositivos de identificación estatal, Achille Mbembe cree que realmente se debería hablar de identidad con un mínimo de certeza "cuando los faroles se hayan apagado". Cuando la vida se acaba, en un gran gesto de recapitulación, los demás sí pueden "decir precisamente quiénes hemos sido [...], armados con las pruebas que hemos dejado detrás de nosotros, en el camino"; véase Mbembe (2019).

joven Fernando, de veintisiete años de edad: de tal forma, esta puesta en abismo involuntaria lanzaba un símbolo dramático y potencialmente de mal augurio. En un contexto emocionalmente tenso, esta macabra "farsa" tomaba la apariencia de una última ofensa.

En las instalaciones del Ministerio Público, la madre viuda fue confrontada por tercera vez con los restos de su esposo y de su hija, quienes murieron en la explosión de una bomba. En 1991, tras el atentado, había recuperado los cadáveres de la morgue por medio de su hermano. Ella los había velado y enterrado. En 2015, en el momento de la exhumación, notó el paso del tiempo en sus restos, que yacían en el cementerio del pueblo. En 2018, cuando fueron devueltos, los descubrió presentados en dos pequeños ataúdes blancos. Esta nueva confrontación con lo que quedaba de sus seres queridos fue desconcertante. Dentro del ataúd, los huesos estaban dispuestos sobre una especie de espuma blanca que completaba la reconstrucción fragmentaria de los esqueletos. Como para hacer menos cruda la ausencia de ciertas partes anatómicas, esta espuma sintética parecía tener la función de eludir la fragmentación en forma de nube gaseosa. Este efecto vaporoso hacía menos ausente lo que no se veía. Como si hubiera sido adrede no revelar demasiado, sino sugerir. Por ejemplo, no se podía distinguir casi nada del cráneo de Miriam. En su lugar, solo se había depositado un mechón de cabello sobre esta espuma sintética. La impensable ausencia de elementos anatómicos fue envuelta en un suave espesor. Parece que el verdadero objetivo de esta espuma era absorber el impacto de la confrontación. En un ambiente inusual, y después de haber esperado tanto, allí yacían, en una habitación azulejada de blanco, los restos del padre de sus cuatro hijos y los de la mayor de los hermanos, ante la mirada atónita del menor de la familia, quien tenía tres meses en el momento de las muertes.

Conclusión

Las exhumaciones son susceptibles de declinar una amplia gama de usos indebidos de los cuerpos de la violencia. Desde el deterioro del ser y del nombre hasta la plusvalía extraída de los huesos, una maraña de narraciones pone en palabras la inhumanidad de lo humanitario. A través de estos relatos, se comprende la dimensión coercitiva de las reparaciones económicas para los familiares de las víctimas y la inestable relación con los muertos que conllevan. Contrariamente a los difuntos correctamente socializados como tales y así "domesticados" por los vivos, la fuerte presencia de la materialidad de los restos exhumados confronta a las familias con una perturbadora no-familiaridad apenas son desenterrados en el cementerio. La imagen de un amontonamiento descuidado de los huesos en los locales institucionales también alimenta la representación de un exceso de *muertos-en-movimiento.*

Las modalidades de la apropiación por parte del Estado de los cuerpos de la violencia, varias décadas después de las muertes, da testimonio de la renovada experiencia de vulnerabilidad y de angustia vivida por las poblaciones andinas que se han visto particularmente afectadas por el conflicto armado. Contrariamente al ideal de restitución de una dignidad perdida a los muertos de la guerra –defendido en las recomendaciones de la Comisión de la Verdad y Reconciliación y parcialmente buscado por la Fiscalía–, los relatos que rodean estas corporeidades compuestas *post-mortem,* y que las hacen existir como desechos o fragmentos de huesos triturados y comercializados, indican una inteligibilidad completamente diferente de lo que vale una persona fallecida a ojos del Estado en las zonas rurales del país. En efecto, el acceso a los restos humanos y su movilidad son, en las representaciones de las poblaciones locales, sinónimo de usurpación, desterritorialización, de su extracción del tiempo social de la comunidad, de dislocación, de mezcla, de anonimato y de heterogeneidad inquietante. Y ello, a pesar de que ya previamente el estatus y el lugar atribuidos a estos cadáveres eran estables y estaban ritualizados. De esta forma se abre la posibilidad de una destrucción total de las pocas huellas que ya quedaban de la violencia destructiva.

El análisis de las formas de acción, de ritualidad y de lenguaje desplegado durante el desplazamiento de los restos humanos desde su sepultura inicial al laboratorio, y hasta su reentierro, documenta la polisemia de los restos humanos en múltiples contextos. Si el cuerpo es capital para las familias, ¿se habría convertido en un capital para el Estado? A la preocupación de establecer un ritual adecuado para las víctimas de muerte violenta y prematura, el Estado habría opuesto un objetivo de rentabilidad financiera de esta materialidad muerta resultante de la guerra. Según unos rumores, los restos humanos de las personas aniquiladas en las masacres serían "reciclados" por la industria agroalimentaria, vista como aliada de la élite política. Los poderosos de este mundo organizarían, por lo tanto, la segunda (mala) muerte de los asesinados.

Las sucesivas transformaciones de los cadáveres de la violencia armada cuestionan los límites de la condición de persona muerta. Ni presentes durante tres años, ni totalmente ausentes porque estaban dotados de una existencia física real verificada por las familias, los restos exhumados en Tacana se encontraban inmersos en un extraño "punto intermedio" en cuanto a su ubicación, a la temporalidad de su vida social e incluso a su ontología. Si bien los muertos no desaparecieron realmente a manos de los forenses –como sí lo fueron los hombres y las mujeres debido a la acción de los actores armados durante la guerra–, los enigmas y las ofensas, en cambio, se multiplicaron. Un deterioro constante en los atributos de la persona difunta ha hecho posible lo imposible. El muerto fue sometido a una última degradación: parcialmente convertido en residuo, la degradación simbólica de su estatus terminó en su asimilación en la *vox populi* a un alimento industrial. Este cambio ontológico implica la negación absoluta de la calidad de persona y del respeto que se le debe. Si es alimento, entonces ya no es un ser humano. Se vislumbra así una evidencia: si la desaparición forzada representa una catástrofe para la identidad, el incongruente desarraigo de los cuerpos resulta una catástrofe para el ser.

Referencias bibliográficas

ANOUILH, J. (1961). *Antígona* (Á. Battistessa, Trad.). Buenos Aires, Editorial Losada. (Obra original publicada en 1946).

AGÜERO, J. C. (2018). *Persona*. México, Fondo de Cultura Económica.

BARTHE-DELOIZY, F.; BONTE, M.; FOURNIER, Z. & TADIÉ, J. (Dir.) (2018). Géographie des fantômes. *Géographie et cultures, 106.* DOI: 10.4000/gc.7092

BONNOT, T. (2014). *L'Attachement aux choses*. París, CNRS Éditions.

BONNOT, T. (2015). La biographie d'objets : une proposition de synthèse. *Culture et musées, 25,* 165-183.

BUTLER, J. (2010). *Ce qui fait une vie. Essai sur la violence, la guerre et le deuil.* París, La Découverte.

CANDAU, J. (2013). Le cadavre en substance : perte d'odeurs et principe vital. *Techniques & Culture, 60 (1),* 110-125.

COLL, P. (2010). Palabras finales. *¿Cómo cuantificar el dolor ? Aportes para reparaciones económicas individuales para las víctimas del conflicto armado interno*, Lima, International Centre for Transitional Justice & Instituto de Defensa Legal.

COMISIÓN DE LA VERDAD Y RECONCILIACIÓN (2003). *Informe final.* http://www.cverdad.org.pe/ifinal/index.php

CECCONI, A. (2012). *I sogni vengonon da fuori. Esplorazioni della notte nelle Ande peruviane.* Florencia, Edit Press.

DEGREGORI, C. I. (2011). *Qué difícil es ser Dios. El partido comunista del Perú Sendero Luminoso y el conflicto armado interno en el Perú: 1980-1999.* Lima, IEP.

DELACROIX, D. (2017). Ouvrir les fosses communes au Pérou. "Envoyer au ciel" les objets trouvés ou les commercialiser?, *Les Cahiers Sirice, 19 (2),* 105-122.

DELACROIX, D. (2018). Le bal des âmes. Postérité de la mort de masse en contexte péruvien. *Terrain,* sección "Terrains", 10 de septiembre. Recuperado el 10 de diciembre de 2020. DOI: 10.4000/terrain.16819.

DELACROIX, D. (2020). La presencia de la ausencia. Hacia una antropología de la vida póstuma de los desaparecidos en el Perú. *Íconos. Revista de ciencias sociales*, 67, 61-74.

DELACROIX, D. (2021). L'État cannibale. Rumeurs de trafic d'os exhumés au Pérou. *Cultures & Conflits,* 1 (121), 73-97.

DELACROIX, D. & NOÛS, C. (2020). Politiques du doute et régimes de vérité à 'l'ère de l'os'. ADN et adoptions symboliques des corps récupérés dans les charniers au Pérou et en Espagne. *Ethnologie française,* 50 (2), 327-344. DOI: 10.3917/ethn.202.0327.

DELAPLACE, G. (2009). *L'Invention des morts. Sépultures, fantômes et photographie en Mongolie contemporaine.* París, Centre d'études mongoles et sibériennes/École pratique des hautes études.

DELAPLACE, G. (Dir.) (2018). Fantômes. *Terrain. Anthropologie & sciences humaines*, 69. DOI: 10.4000/terrain.16604

DUTERME, C. (2016). Honorer, commémorer, dédommager. État et société civile face aux victimes du conflit armé interne dans la région Ixil (Guatemala), *en* A.-M. Losonczy & V. Robin Azevedo (Eds.), *Retour des corps, parcours des âmes. Exhumations et deuils collectifs dans le monde hispanique* (101-125). París, Pétra .

ESCOLAR, D. (2012). Boundaries of anthropology: Empirics and ontological relativism in a field experience with anomalous luminous entities in Argentina. *Anthropology and Humanism,* 37 (1), 27-44.

GATTI, G. (2014). *Surviving Forced Disappearance in Argentina and Uruguay. Identity and Meaning.* New York, Palgrave Macmillan.

KOPYTOFF, I. (1986). The cultural biography of things: commoditization as process, *en* A. Apparadurai (Ed.), *The Social Life of Things: Commodities in Cultural Perspective* (64-94). Cambridge, Cambridge University Press.

KRMPOTICH, C.; FONTEIN, J. & HARRIES J. (2010). The substance of bones: the emotive materiality and affective presence of human remains. *Journal of Material Culture,* 15 (4), 371-384.

KWON, H. (2008). *Ghosts of War in Vietnam.* Cambridge, Cambridge University Press.

LEACH, E. R. (1980). Cheveux, poils, magie. *L'Unité de l'homme et autres essais* (321-361). París, Gallimard.

LENCLUD, G. (2009). Être une personne, *Terrain*, (52), 4-17.

MANRIQUE, N. (2002). *El tiempo del miedo: la violencia política en el Perú, 1980-1996.* Lima, Fondo Editorial del Congreso del Perú.

MBEMBE, A. (2019). *Leçon inaugurale. Forum philo Le Monde, Le Mans* [Video]. YouTube. https://www.youtube.com/watch?v=NwwEA7taqLo

MOISSEEFF, M. (2010). Relations, rites et cheveux chez les Aranda. *Cahiers d'anthropologie sociale*, (6), 131-147.

MOISSEEFF, M. (2016). Cadavres et churinga. Des objets cultuels exemplaires? *Archives de sciences sociales des religions*, (174), 255-278.

MOLINIÉ A. (1991). Sebo bueno, indio muerto: la estructura de una creencia andina, *Bulletin de l'Institut français d'études andines*, 20 (1), 79-92. DOI: 10.3406/bifea.1991.1027

MOUAWAD, W. (2003). *Incendies*. Arles, Actes Sud.

OLIVER-SMITH, A. (1969). The *Pishtaco*: Institutionalized Fear in Highland Peru. *The Journal of American Folklore*, 82 (326), 363-368.

PANIZO, L. (2017). Disparus, mort négligée et rituels en Argentine. De la quête à l'exhumation des corps. *Problèmes d'Amérique latine*, 104, 85-100. DOI: 10.3917/pal.104.0085

PICCOLI, E. (2014). "Dicen que los cien soles son del Diablo". L'interprétation apocalyptique et mythique du Programa Juntos dans les communautés andines de Cajamarca (Pérou) et la critique populaire des programmes sociaux. *Social Compass,* 61 (3), 328-347.

PONS, C. (2002). *Le Spectre et le Voyant. Les échanges entre morts et vivants en Islande*. París: Presses de l'université Paris-Sorbonne.

ROBIN AZEVEDO, V. (2008). *Miroirs de l'autre vie. Pratiques rituelles et discours sur les morts dans les Andes de Cuzco (Pérou)*. Nanterre: Société d'ethnologie.

ROBIN AZEVEDO, V. (2015). D'os, d'habits et de cendres. Corps exhumés et reconfiguration des dispositifs rituels et symboliques dans le Pérou post-conflit. *Revue européenne des sciences sociales* (53-2), 75-98. DOI: 10.4000/ress.3284

ROBIN AZEVEDO, V. (2016). Rendre leur dignité aux disparus de la guerre ? Exhumations, justice réparatrice et politiques de la compassion au Pérou, *en* A.-M. Losonczy & V. Robin Azevedo (Eds.), *Retour des corps, parcours des âmes. Exhumations et deuil collectif dans le monde hispanique* (75-99). París, Pétra.

SALAZAR-SOLER, C. (1991). El *pishtaku* entre los campesinos y los mineros de Huancavelica, *Bulletin de l'Institut Français d'Études Andines*, 20 (1), 7-22. DOI: 10.3406/bifea.1991.1023

SILVA SANTISTEBAN, R. (2008). *El factor asco: basurización simbólica y discursos autoritarios en el Perú contemporáneo*. Lima, Red para el Desarrollo de las Ciencias Sociales en el Perú.

SCATIZZA, P. (2019). La detención clandestina más allá de los "campos de concentración". Aportes analíticos a una clave explicativa canónica de la Argentina dictatorial, *Nuevo Mundo Mundos Nuevos,* 11 de junio. http://journals.openedition.org/nuevomundo/75993.

SCHMITT, A. & ANSTETT, E. (Dir.) (2019). Corpses in rubbish dumps. *Human Remains and Violence: An Interdisciplinary Journal*, 5 (1).

SCHMITT, A. & ANSTETT, E. (Eds.) (2020). *Des cadavres dans nos poubelles. Restes humains et espaces détritiques du Néolithique à nos jours*. París, Pétra.

SORRENTINO, P. (2018). *À l'épreuve de la possession. Chronique d'une innovation rituelle dans le Vietnam contemporain*. Nanterre, Société d'ethnologie.

SZEMINSKI, J. & ANSIÓN, J. (1982). Dioses y Hombres de Huamanga. *Allpanchis*, (19), 187-233. DOI: 10.36901/allpanchis.v14i19.1195

Tello Weiss, M. (2022). Esprits, fantômes, âmes. Vers une anthropologie de l'extraordinaire dans les mémoires de la 'disparition' en Argentine, *en* D. Delacroix & A.-M. Losonczy (Eds.). *Le cadavre et ses avatars. Approches anthropologiques en contexte de sortie de violence* (95-123). París, Pétra.

Uceda, R. (2004). *Muerte en el Pentagonito. Los cementerios secretos del ejército peruano*. Lima, Norma Editores.

Weismantel, M. (2001). *Cholas and Pishtacos: Stories of Race and Sex in the Andes.* Chicago, The University of Chicago Press.

Presentación de las autoras

Pamela Colombo es profesora en la Universidad de Laval (Quebec), en el Departamento de Sociología. Es doctora en Sociología (Universidad del País Vasco, España) y trabajó como investigadora Marie Sk-Curie en l'École des Hautes Études en Sciences Sociales (IRIS-EHESS, París). Su investigación se centra en los vínculos entre la violencia estatal y el espacio. Ha trabajado sobre la espacialidad de la desaparición forzada en Argentina, sobre programas de desplazamiento y reagrupamiento forzado de poblaciones como política de contrainsurgencia durante la Guerra Fría en América Latina y actualmente dirige una investigación sobre el desplazamiento forzado de niños de pueblos originarios hacia "pensionados" (*Indian Residential Schools*) en Canadá. Entre sus publicaciones destaca su libro *Espacios de desparición. Vivir e imaginar los lugares de la violencia estatal (Tucumán, 1975-1983)*, (Miño y Dávila editores, 2017), así como la coedición del libro *Space and the Memories of Violence. Landscapes of Erasure, Disappearance and Exception* (Palgrave Macmillan, 2014).

Dorothée Delacroix es profesora en la Universidad Sorbonne Nouvelle – Instituto de Altos Estudios sobre América latina (IHEAL) y miembro del Institut Universitaire de France. Es doctora en Antropología Social e Histórica por la Université Toulouse – Jean Jaurès y ha desarrollado sus investigaciones posdoctorales como miembro científico de la Casa de Velázquez (École des hautes études hispaniques et ibériques, Madrid, 2016-2017) y becaria de las acciones Marie Skłodowska-Curie en la Université catholique de Louvain (2017-2019). Desde 2024, ocupa el cargo de directora adjunta del Centro de investigación y de documentación sobre las Américas (CREDA, UMR 7227). Actualmente, sus investigaciones abordan el legado de la violencia en la vida cotidiana, la búsqueda de personas desaparecidas y las relaciones políticas e íntimas con el pasado violento en Perú y España. Dirige el programa de investigación EXHUMA

"Violencias políticas y crisis de exhumaciones en el sur de Europa" (Casa de Velázquez y Maison des Sciences Humaines et sociales-Paris Nord). Recientemente publicó "Accusatory whispers: Micro-politics of Irreconciliation in Peruvian Andes" en el *Bulletin of Latin American Research* (2025) y, anteriormente, coeditó el libro colectivo *La violencia que no cesa. Huellas y persistencias del conflicto armado en el Perú contemporáneo* (Éditions de l'IHEAL, 2023), junto con Ricardo Bedoya Forno, Valérie Robin Azevedo y Tania Romero Barrios.

GALIA VALTCHINOVA tiene una formación en historia con una tesis doctoral en Antropología Histórica (Universidad de Sofia, Bulgaria). Ha sido investigadora en la Academia de ciencias en Bulgaria, es profesora titular de Antropología en la Université Toulouse – Jean Jaurès desde 2011. Fue miembro del Laboratoire Interdisciplinaire Solidarités, Sociétés et Territoires (LISST) y, desde 2024, es miembro del Centre d'études turques, ottomanes, balkaniques et centrasiatiques (CETOBAC) en la École des Hautes Études en Sciences Sociales (EHESS, París). Sus publicaciones se arraigan en el campo de la antropología del fenómeno religioso, de la memoria y de las fronteras, abordando temáticas como la videncia religiosa, los santos y mártires, las fronteras religiosas y los paisajes memoriales y religiosos en los Balcanes. Su último libro se titula *Saints, Places and National Imagination: Historical Anthropology of Religious Life in the Balkans* (The Isis Press, 2019). Junto con Katharina Seraïdari coeditó *Frontières enchevêtrées dans et au-delà de l'Europe du Sud-Est* (número temático de la revista *Études Balkaniques* LIX/2, 2023).

MARIANA GARCÉS es licenciada en Antropología en la Universidad Nacional de Córdoba (Argentina). Ha sido becaria de la "Beca de Estímulo a las Vocaciones Científicas" (EVC) otorgada por el Consejo Interuniversitario Nacional (CIN). Participa del Proyecto de Investigación "Perspectivas etnográficas sobre la memoria de la represión y la violencia política en el pasado reciente: Cuerpos, identidades y territorios" (SeCyT-UNC). Ha sido integrante del área de investigación del Archivo Provincial de la Memoria, de la Provincia de Córdoba.

ANNE-MARIE LOSONCZY es antropóloga, directora de estudios en la Escuela Práctica de Altos Estudios (EPHE, Paris) y profesora emérita en la Universidad Libre de Bruselas. Autora de cuatro libros y de numerosos artículos en varias lenguas, ha realizado trabajo de campo en Colombia, Cuba, Hungría y Ucrania. Sus investigaciones recientes abarcan, por un lado, las exhumaciones y ritualizaciones emergentes del duelo colectivo y de las memorias de la violencia masiva en situación de posconflicto y las de la memoria tardía de las represiones masivas en contexto poscomunista. Por otro lado, propone una etnografía pluri-situada de las prácticas chamánicas emergentes, su recomposición transnacional y su dimensión política en contexto multicultural. Entre sus publicaciones recientes destacan: *Enfants du Goulag* (Éditions Belin, 2017), *Retorno de cuerpos, recorrido de almas. Exhumaciones y duelos colectivos en América Latina y España* (Ediciones Uniandes/IFEA, 2021), junto con Valérie Robin Azevedo y *Le cadavre et ses avatars. Approches anthropologiques en contexte de sortie de violence* (Pétra, 2022) junto con Dorothée Delacroix.

ANÉLIE PRUDOR es doctora en Antropología Social e Histórica (2021, Université Toulouse – Jean Jaurès). Ha sido miembro científico de la Casa de Velázquez (École des hautes études hispaniques et ibériques, Madrid, 2017-2019) y ATER en el departamento de antropología de la UT2J (2020-2022). Tras participar en 2022-2023 en el programa Transfunéraire. Violences de masse et pratiques funéraires : approche comparative des rituels collectifs de ré-inhumation en Europe et en Amérique-latine (xxᵉ-xxiᵉ siècles) (ANR 19-CE27-0022), desarrolla actualmente un posdoctorado como miembro científico de la Casa de Velázquez (EHEHI, Madrid, 2023-2025). Sus líneas de investigación se centran en las memorias de violencias políticas, en particular las de la Guerra de España (1936-1939) y las de los españoles deportados a los campos nazis, y en sus narraciones entre las perspectivas locales, nacionales, transfronterizas (Francia/España) y europeas.

MARIANA TELLO WEISS es doctora en Antropología de Orientación Pública por la Universidad Autónoma de Madrid (España), Magister en Antropología y Licenciada en Psicología por la Universidad Nacional de Córdoba (Argentina). Es investigadora del CONICET y profesora de la Licenciatura en Antropología en la Universidad Nacional de Córdoba. Dirige el proyecto de investigación "Perspectivas etnográficas sobre las memorias de la represión y la violencia política en el pasado reciente: cuerpos, identidades y territorios" (SeCyT-UNC). Ha sido investigadora en el Espacio para la Memoria "La Perla" y presidenta del Archivo Nacional de la Memoria.